教師の底力

社会派教師が未来を拓く

志水宏吉
Simizu Kokichi

学事出版

はじめに

２０２０年、私たちは新型コロナウィルスによって、これまで経験したことのない事態に遭遇した。ポストコロナの世界についてはすでにさまざまな議論やシナリオが提出されているが、私たちがこれから創っていく社会は、コロナ以前のそれと同一のものではありえないことは確かである。

コロナ禍で露呈した問題の一つが、頼りがいのある政治的リーダーの不在であった。「不在」は言い過ぎかもしれない。しかし、少なくとも「不足」していることは明らかである。しっかりとした大人がほとんどいない、若者たちや子どもたちの目にはそう映ったに違いない。

コロナ禍によって時間的余裕を得た私は、一冊の新書を書いた（『学力格差を克服する』ちくま新書、２０２０年）。その執筆プロセスのなかで最も強く感じたのは、ポストコロナの時期を迎えた時に教師がふんばらないと、この国はダメになるかもしれないという危機感であった。

よりよい社会を、力を合わせて皆でつくっていかねばならないという時に、他者の事情を顧みることなく、自らの利害だけで行動しているように見える大人の何と多いことか。それが、そうせざるを得ないような切迫した、きびしい状況下にいる人々ならいざ知らず、一国のリーダーたるべき立場にある人々の間にも見られたことはきわめて残念であった。

この本は、「教職についてまだ間もない若手教師たち」を主要な対象として書かれている。彼らに、特定の心構えあるいは姿勢を獲得してもらいたいと思ったのが、本書執筆の直接の動機である。そして、それを象徴的に表現した言葉が、サブタイトルにつけた「社会派教師」である。本書で言う社会派教師とは、「差別や不平等や格差といった社会問題に関心をもち、教育の力によってそれらを克服し、よりよい社会を築いていこうとする意志をもつ教師」のことである。

コロナによって教育格差は拡大こそすれ、縮小することはありえない。そして、教師たちがただ漫然と旧来のやり方で教科の授業を教えているだけでは、社会の分断状況や子どもたちの社会的・政治的無関心は改善されるどころか、さらに悪化するようにも思われる。その趨勢に「待った」をかけたい。子どもに近いところにいる「教師の力で何とかできないか」と願うのである。

もちろん、この本は、若手教師だけに読んでほしいと言いたいわけではない。いわゆる中堅やベテランと呼ばれる教師たちにも、自分自身の実践を見つめ直すために一読していただきたい。また、教師予備軍として、大学の教員養成課程で学んでいる20歳前後の人たちや教育の問題に関心をもつ高校生の皆さんにも、ぜひ本書を手にとってもらいたい。

私はこの四半世紀にわたって、「公立学校のサポーター」になりたいと考え、教育社会学という学問をベースとする調査研究に携わってきた。この数十年というもの、学校や教師は、「学校が硬直的だから、教師がしっかりしていないから、さまざまな事件やトラブルが生じるのだ」といった理由で、社会からバッシングを受けることが多かった。文句を言いやすいということもあるだろう。

しかし私には、その論調はずいぶんひどいものだ、としばしば感じられた。もちろん、何もしない教育委員会や無責任な管理職、いい加減な教員がいないわけではない。しかしながら、大多数の教育関係者は子どもたちのためにベストを尽くして頑張っている。学校、とりわけ公立学校を悪く言う人は多いが、それに比して共感的な発言をする人はあまりにも少ない。それが、「公立学校のサポーター」を公言するようになったきっかけである。

振り返ってみるなら、これまで私は、「厳しい状況にはあるが、先生たちは懸命に頑張っているよ」と、先生方に対するエールの気持ちをこめて文章を書いてきた。しかし、還暦を迎え、コロナを経験した今、私はより強い思いで「教師が頑張るしかない」と考えるのである。本書は、すべての教師たちへの「檄文」である。

なぜ私がそこまで学校に、教師にこだわるのか。それは、私自身が学校や教師たちに大変世話になってきたからである。私には、何人もの「恩師」と呼べる教師がいる。ずるいことをしてはいけないと叱ってくれた教師、身をもって仲間の大切さを教えてくれた教師、高等教育の門をたたくきっかけを与えてくれた教師、教育社会学というすばらしい学問に導いてくれた教師。その人たちのおかげで、今の自分があると思っている。学校という場がなく、恩師にめぐり会うこともなければ、私は今とは全く異なる人生を歩んでいたに違いない。

私は人生の初期において、かけがえのない教師たちに出会うことができた。彼らは、それぞれがユニークな価値観や行動様式をもち、私自身の人格形成に大きな影響を与えてくれた。一人ひとりの教師の人となりが、次世代の若者に多大なインパクトを与えるということがあるのだ。

そして今、私は思う。未来の社会を創っていく世代を育てる使命をもつ、これからの教師に望まれるのは、「社会学的な目」であると。すなわち、差別・抑圧や格差・不平等に対してセンシティブであり、社会正義や公正の原理を重視する心で子どもたちに真摯にかかわっていける教師が、今求められていると思う。私はかつて教員養成大学で勤務したことがある。その時に感じたのは、日本の教員養成課程は、徹頭徹尾、心理学的発想を基盤にしたものであるということであった。その基本は、今日でも変わらない。この本で私は、通常の心理学的・個人主義的教師像とは異なる教師イメージを提起したいと考えている。

本書の構成を示しておこう。本書は8章構成で成り立っている。

第1章から第3章は、本書のパート1、問題提起を行う導入部分にあたる。

第1章「仕事を選ぶ」では、教職について考える前段階として、現代社会における仕事のあり方、仕事に就くまでのプロセスである「進路選択」の今日的なありようについて検討を加える。第2章「教師という仕事」では、日本における教師像の歴史的変遷をたどったうえで、現代に生きる教師にとっての課題について考えてみたい。そして第3章「社会派教師とは」では、本書の最大のキーワードである「社会派教師」について考察する。「社会派教師」とはどのような教師を指すのか、そしてそれが有する今日的意義について私見を述べたい。

第4章から第6章は、本書のパート2、日本の教育の歴史を振り返り現在を考える部分である。

まず第4章「教育問題の歴史を振り返る」では、その時々で話題になった「教育問題」の変化をたどることで、戦後日本の教育の歴史的流れを振り返ってみたい。取り上げる教育問題とは、「長欠・不就学」「校内暴力」「いじめ」「不登校」「学力低下」「格差・貧困」の六つである。続く第5章「教育格差のいま」では、現代的課題としての「教育格差」の問題に焦点をあて、「入口の格差」「プロセスの格差」「出口の格差」という三つの視点からその構造・実態に迫りたい。第6章「公正な教育を求めて」では、教育における格差や不平等という課題に実践的に対応するために「公正」という理念に着目する。大阪における同和教育と障害児教育の実践を切り口にして、公正な教育の可能性を探ってみたい。

最後の第7〜8章は、本書のパート3、教師のあり方を考える締めくくりの部分となる。

第7章「教師になる」では、日本の教師の現状を、階層論的視点から、そして国際比較の視点から検討したうえで、教師になることの意味・意義について改めて問題提起を図ってみたい。そして第8章「教師として成長する」では、私たちの研究グループが提起している「力のある学校」のスクールバスモデルの紹介をまじえながら教師の成長に不可欠な同僚集団の意義について述べ、社会派教師になるための道筋を論じたい。

目次

第1章　仕事を選ぶ

1　新型コロナ禍によってわかったこと

新型コロナの流行によって、私たちの暮らしは大きく変貌しつつある。ポストコロナの世界がどのようなものになっていくか、それはまだ誰にもわからないが、もはや元の世界に戻れないことは確実である。「新しい生活様式」などという言葉も生み出されたが、最も大きく変化するものの一つが「仕事」の世界であることに間違いはない。

新型コロナが流行し始めたのは2020年の初めごろであった。私は大阪の大学に勤務しているが、大学の世界はちょうど「年度末」の時期を迎えようとする時期であった。学校と同じように、大学も4月から新学期が始まる。だが、今年の4月、「年度始め」の時期、大学の風景はまるでゴーストタウンのようであった。人気のないキャンパス、そして校舎。学生たちには登校禁止令が出された。私たち教職員には、リモートワークが推奨された。大学からほど近いところに住み、職場の方が仕事がはかどると考える私は、人気のないオフィスで日々を過ごすようになった。会議やイベントなどはほとんど中止となった。月に数回はある出張もすべてキャンセルとなった。皮肉にも、その4月から5月にかけての時期は、私のこれまでの人生のなかでも最もフリーな時間を持つことのできる機会となった。そして、一冊の新書を書き上げることができた。

今日私たちは、多くの授業や会議をzoom（ズーム）と呼ばれるソフトを使い、オンラインで行うようになっている。わかりやすく言うなら、遠隔授業であり、テレビ会議である。zoom等のソフトを使うと、そもそも一堂に会する必要がなくなる。パソコンとＷｉＦｉ環境があれば、家でもできるし、出先の喫茶店でもできるし、車の中でさえもできる。私はＩＣＴというものが不得手で、「食わずぎらい」であったが、必要に迫られてやってみると、結構便利であり、使い勝手もよい。私は基本的に zoom 会議も zoom 授業も環境の整った研究室でやっているが、同僚のなかには、ほとんどすべてのことを自宅でやっている人もいる。「リモートワーク」派である。

新型コロナ以前、私は月に一度は東京への出張があった。新大阪からの新幹線は満員のことも多かったが、先日数か月ぶりに乗ってみると、乗車率は１～２割程度であった。あれだけたくさんいた人は、どこに行ってしまったのだろうか。

「不要不急でない外出はやめよう」というスローガンによって、出張する人の多くが大阪に「ステイ」することになったのだろう。それで会議もできるし、仕事も進むのだ。ＪＲの方には申し訳ないが、新幹線利用者の多くが「使わないですむ生活」を送れば、一挙に乗客が減少することが明らかになったのである。新幹線利用にはある種の「バブル」が伴っていたということであり、新型コロナによってそのバブルが吹き飛んでしまったわけだ。

要するに、こうした現象を典型として、これまでの仕事のあり方や常識の見直しが図られているということである。

ただし、ここで忘れてならないのは、リモートワークに移行できる仕事には限りがある点である。当たり前だが、パソコン仕事はリモートでできるが、現業の仕事は遠隔操作的にできるわけがない。

今回、「エッセンシャルワーカー」が注目された。「人間が社会生活を送るうえで絶対に不可欠な仕事、休むことのできない仕事に従事している人々」のことである。具体的には、例えば、医師・看護師や介護士などの医療・福祉従事者、物流や公共交通機関にかかわる人々、あるいはスーパーの店員さんやゴミの収集にあたる人たちのことである。こうした人々なしでは現代社会は成り立ちえず、エッセンシャルワーカーたちは命の危険を冒してまで働き続けているのだ、という点が今回改めて注目された。

いずれにせよ、やる仕事がある人は、まだ恵まれていると言うこともできる。長期化するコロナ禍の影響で、解雇や失業の憂き目にあっている人は多数にのぼる。企業等の倒産の数も上昇中である。政府や地方自治体の救済策や経済再建策が打たれているにもかかわらず。この先どうなっていくのか、先が見えない状況が今しばらく続いていくだろう。

ここで押さえておきたいポイントは、以下の二つである。すなわち、第一に、私たちが有している「仕事というものに対する常識」は、歴史的に生成されてきたものであるということ、そして第二に、今回のコロナ禍で明らかになったように、それはそもそも「大きく変わりうる」ものだということ。

2 仕事の歴史的変化

新型コロナ以前には、仕事は職場に通って行うものだという通念が根強く存在していた。大学教員という仕事柄、私は平日の昼間に自宅の近くにいることが以前から多かったが、ご近所の知り合いに出くわすとやや気恥ずかしい心持ちになったものである。「お父さん」は、朝家を出て、夜（遅く？）に家に戻ってくるものというだという常識が、かつての日本には存在していた。

その常識自体が、ある歴史のプロセスのなかでできあがったものであることは言うまでもない。今でもテレビでやっている人気マンガ・サザエさんが初めて放映されたのは、今から50年ほど前の昭和44年（１９６９年）のことである。サザエさんの夫のマスオさんとお父さんである波平さんは、いずれもサラリーマンという設定。すなわち、すでに半世紀前には、都市部のお父さんたちはサラリーマンなのが一般的だとされていたということなのだろう。

しかしながら、そのころ10歳だった私が生まれ育った家は自営業で、小さな材木屋を祖父と父がやっていた。高度経済成長期で住宅用木材の需要も大きかったのだろう、結構わが家の羽振りはよく、職人さんたちを何人か雇用していた。材木置き場と製材所は自宅に隣接しており、大人たちの暮らしは職住接近の最たるものであった。月末の給料日には、祖父が職人さんたちに給料袋を手渡す。その夜は、家の居間で宴会が持たれるのがならわしであった。私は、そうした自営業の「大家族」のなかで、もまれて育った。

祖父や父にとって、家は、家庭生活を送る場所であるとともに、職業生活を送る場でもあった。仕事の時間は、家族の時間と不可分であった。そして、他人であるはずの職人さんたちもまた、ファミリーの一員として分け隔てなく扱われていた。都市的なサラリーマンの世界とは異なる伝統的な世界が、そこにはまだ息づいていた。

「なりわい」という日本語がある。「生業」と書く。辞書的に言うなら、「生計を立てるために行っている労働活動」ということになる。いわゆる「家業」を指す場合が多いとも言われている。祖父や父にとっては、木材業はまさに「なりわい」と言えるものだっただろう。しかし、波平さんやマスオさんがサラリーマン業を「なりわい」と表現するかというと、微妙なところである。それはすでに、労働は生活の場から乖離したところで行われるようになっているからだ。

その点、私はまだ、「大学教員としての仕事をなりわいとしている」と言えるようにも思う。なぜなら、まさに今、昼間に自宅のPCに向かってこの原稿を書いているのだから。その見た目は、かつて父が家の脇にあった工場の中で材木に電動ノコをかけ、なめらかな肌を持つ板材をつくり出していたプロセスに似ていなくもないと感じられる。

さて、サラリーマンとは「俸給生活者」のことである。働いた時間（労働時間）をお金に換算して報酬が支払われるタイプの仕事を「賃労働」という。賃労働が制度化され、より安定的な形態で支払われるようになったものが「俸給」（サラリー）である。資本主義は、世の中に多くの「賃金労働者」や「俸給生活者」を生み出した。彼らは、端的に言うなら、「労働をお金と引き換えにする」人たちのことである。彼らにとって、きびしい労働を行う場（職場）は、家族とともに日々の生活を送る場（家庭）からは通常離れている。

それだけではない。労働社会学という領域の研究が明らかにしてきたように、彼らにとっての大きな問題は、「仕事の全体性の喪失」、換言するなら「労働の断片化」といった事態が生じがちなことである。俸給あるいは賃金を与えられる者は、基本的に「あてがわれた仕事」を粛々とこなすことが期待される。役所の◯◯課に配属されればそこの職務を、自動車生産工場の△△部門に配置されればそこで割り当てられた作業を、とりあえず粛々とこなさなければならない。好きとかきらいとか、言っている場合ではない。管理職的な業務を期待されるポジションに就けばまた話は違ってくるだろうが、「ライン」に就いているかぎり仕事はある意味単調なものとならざるを得ない。そして、次第に仕事に対する意欲が薄れていくことがある。そうした事態を、かつてブラウナーという労働社会学者は「労働疎外」という言葉で表現した（ブラウナー１９７１）。

その点で、私の祖父や父の仕事は、ある種の全体性を備えていたと考えることができる。目的は自分「丸太から柱や板をつくる」ということと決まっていたが、仕事の段取りやペースを決めるのは自分であり、最初から最後までを自分なりに取り仕切ることができた。気に入らなければやり直すし、であり、体調が悪ければ早めに切り上げることもできた。「決められた仕事を決められた時間内やり続ける」ことを期待される、労働疎外を招きがちな今日的労働のありようとの違いは、明らかであろう。

かつての社会は、私の実家のように、家業としての「なりわい」を持つ家庭が少なくなかった。しかし、日本社会はもはやそういう状況にはない。では、現代社会においては、どのような人がどのような仕事に就いていくのだろうか。

結論を先に言おう。現代社会においては、「個人が取得した学歴に応じて、それにふさわしい仕事が割り当てられる」という原則が幅を利かせている。端的に言うなら、「学歴と労働とが対応関係にある」ということである。一流大学卒やそれ以上の学歴を持つ人が、「創造的・専門的」仕事に就く。一般の大卒やそれに匹敵する専門学校卒の人たちが、「ホワイトカラー」職に就く。そして高卒以下の人々が「ブルーワーカー」職や現業部門に就く、あるいは「不安定」層となるといった対応関係が、大まかに認められるのである。

現代日本を階級論的視点から分析した橋本健二氏は、今日の日本は五つの階級からなる社会であるという議論を展開している。その五つとは、「資本家階級」「新中間階級」「旧中産階級」「労働者階級（正規労働者）」「アンダークラス（非正規労働者）」であり、それぞれのおよその構成比率は、5%、20%、15%、35%、25%（「パート主婦」を含む）となっている（橋本 2013）。何よりも、21世紀に入ってから、五つめの「アンダークラス（非正規労働者）」層が肥大化しつつあるというのが、氏の議論のポイントである。ポストコロナの社会において、この階級構造がさらにどのように変化していくか、注目すべきところである。

もう一点、読者の皆さんは「2045年問題」をご存じだろうか。2045年とは、AI（人工知能）の発展によって、1台のコンピューターの知能が人類全体のそれを上回ると予想されている年である。もしそのようなことが実際に起これば、現在世の中にある仕事の約半分はなくなる、というショッキングな予想も提出されている。2045年まであと25年ほど。社会学では、25年とはちょうど「一世代」に要する時間だとされている。今働いている世代の、次の世代の半分の人が、仕事を失う（仕事に就けない）時代になるという将来予測。気味悪い話ではある。

3　進路選択のマジック

学歴が仕事と対応関係にある、と指摘した。それは、現代社会が「メリトクラシー」の原理を基本として構成されているからである。

身分や家柄で人生がほぼ定まっていたようなかつての社会が過去となり、今日は能力と努力で自分自身の人生を切り拓いていくことができる社会である。それを社会学では、「メリトクラシーの社会」（＝業績社会）という言葉で呼ぶ（ヤング　１９８２）。そこでは、仕事は外から与えられるものではなく、自分自身が選び取るものである。現代社会において人々に保障されている数々の権利のなかでも、「職業選択の自由」は主要なものの一つであるとされている。

今を生きる若者たちにとって、どのような仕事に就くかという問題は、とても大事なものだと考えられている。趣味や家庭生活、あるいはその他の諸活動において自己実現を図ろうとする人たちも数多く存在するが、一般的には仕事を通じて自己実現が図られるべきだとする考え方が根強い。自分自身の特性や強みに合った仕事を見つけようという考え方から、学校では職業適性検査や適職診断テストといったものが長らく実施されてきた。また近年では、さまざまなタイプのキャリア教育や実際に仕事の場に赴く職場体験の機会等が設けられるようになってきている。

このように、理屈のレベルでは、一方で自分自身を知り、他方でさまざまな職業について知り、両方を突き合わせることによって自分に最も合った仕事を見いだし、自己実現にまい進しようということになっている。しかしながら、現実はそんなに美しいものではない。現代の若者たちの職業選択は、目先の「進路選択」（＝成績にもとづく進路先の割り振り）の積み重ねの帰結として、半ば自動的にもたらされるようになっているのだ。

中学校や高校の現場には、「進路指導」という考え方とそれにもとづく指導・活動の体系がある。読者の皆さんも、生徒時代に経験したことがあるだろう。私たちの中学時代（１９７０年代）の進路指導は、完全な「成績（学力）にもとづく進路先（高校あるいは就職）の振り分け」と形容できるものであった。いわゆる「輪切り選抜」である。学力低位層にとっては、行ける高校は限られており、たいていが職業科の高校か定時制高校に通うことになっていた。勉強が好きではない子のなかには、縁故等で就職する者もいた。他方、学力高位層にとっては、原理的にはすべての選択肢（高校）に進学することが可能だったが、成績の高い順から、「トップ校」「二番手校」……と進学することが通例であった。すなわち、ほとんどすべての生徒たちにとって、進路を分けるポイントは「成績」であり、本人の「希望」ではなかった。そして、その「進路」に想定される職業的世界に、若者の大部分は入っていくことになるのだった。

それぞれが自分の行きたい学校に行き、就きたい仕事に就くために行われる進路指導やキャリア教育、生徒たちが自らの自己実現に向けて進路を主体的に選び取っていく過程としての進路選択は、社会学的に言うならば、マクロな社会的選抜あるいは社会的ポジションへの諸個人の配分のプロセスのひとコマにすぎないということになる。「選択」と「選抜」は、コインのうらおもてなのである。

かつての日本の高校教育界では、「実績関係」というものが幅を利かせていた。職業的な学科を主とする高校や普通科のなかの「非進学校」「進路多様校」と地域の企業との間に、安定的な人材移動のシステムが成立していたのである。すなわち、高校の側からすると、A銀行にx人、B産業にy人、C商店にz人を継続的に送り出すことができていたのである。そして、誰がどこに希望を出せるかは、おおむね成績順になっていた。そうして、成績のよい子は「安定した、きれいな仕事」ができるところに就職し、成績の振るわない子は人気のない会社に行くという形ができていた。「銀行に向いている子がそこを選び取る」のではなく、「成績のよい子が銀行に向いている」とされたのである。

進学の局面でも全く同様である。東大・京大に行く子は「成績がよく、入試にパスしたから行く」のである。もともと「東大・京大に向いている子がおり、内在的関心からそこに入れる」ということは、当たり前ながらありえない。激烈な大学入試の関門を経ないでそこにいたる道はないのである。

とはいえ、地方銀行に就職した子も、東大や京大に入学した子も、やがて「それなり」の存在になっていく。そして、自分自身が経験した過去の「進路選択」を当たり前のものとして受け入れるようになるだろう。逆に、心ならずも気の進まない会社や学校に進んだ子たちも、時間が経てば、自分の選択を「あの時はしようがなかった」「自分の力が足りなかったからだ」と正当化するようになるだろう。こうして、社会的選抜の過程は、個々人の心のなかで「自己の選択の結果」として納得されることになる。

4　自分にとっての進路選択

私自身のケースを振り返ってみることにしよう。

私は、27歳の時に助手に採用されたのを皮切りに、以来30年以上にわたって大学教員という仕事を続けている。経験した三つの職場は、いずれも国立大学（現在は、「国立大学法人」となっている）である。

社会的に見れば、「成功」の事例に入るだろう。自分自身も、恵まれた職業生活を送れているのではないかと思う。もちろん、大企業や中央官庁に入った者と比べれば、収入は相対的には高くない。また同じ大学教員でも、私立大学を職場とする人たちはかなりの「高給」を得ていると聞くこともある。しかし、それは本質的なことではない。私は自分自身が十分だと感じるサラリーを得ており、なおかつ安定性がある仕事である。

そして、自分が最も気に入っているのは、「自分の好きなことができる」という点である。好きなこととは、具体的には、本を読んだり、調査をしたり、論文を書いたり、要するに、「好きな研究ができる」ということである。これは、何ものにも代えがたい価値を有している。もちろん、大学教員の世界にも、一方で競争主義・成果主義の波が押し寄せており、他方で研究の社会的意義や有用性をダイレクトに問う声が強まってきている。私自身は研究者キャリアの終盤を迎えつつあるが、これからこうした「世知辛さ」のなかで仕事を続けていかねばならない若い研究者たちは、率直に言って大変だと思う。

少し昔話をしよう。

先に述べたように、私の生まれ育った家は木材業をなりわいとしていた。しかし、時代の流れが背景にあったのだろう。祖父・父は、私に家業を継げとは一切言わなかった。長男として「家を守れ」というメッセージは受け続けたが、「材木屋を継承せよ」と言われたことはない。逆に、「勉強が好きなら、とことんやれ」と励まされ、結果的に「学校を出て、給料を稼ぐ」ようになったのは二十代後半であった。

自分自身を振り返るなら、たまたま学校の勉強が得意だったということが、進路決定のすべてだったと言える。ポイントは高校である。私はある経緯から地元の公立高校に行かず、岐阜県の山奥にある私立の全寮制高校に入学した。そこで「恩師」との運命的な出会いがあった。その女性教師の導きで、２年になる時に進学クラスに移籍し、受験勉強を重ねた。「私と一緒に東大に行こう」という言葉が、その恩師の決めゼリフであった。まわりの親族に誰一人大学に行った者がおらず、自分の将来についてもまだほとんど考えなかった16歳の私は、その先生の言葉にグラっと来た。その高校は当時、年に一人国立大学に行ければよい、という学校であった。高校側も、進学実績をあげたかったのであろう。そして、成績のよい私に白羽の矢が立った、ということになる。いずれにしても私の場合は、あまり考えることもなく「流れ」に乗り、運よく受験にパスし、東大に入ったということになる。その恩師の存在がなければ、材木屋を継いだかどうかを含め、私の人生は全く異なるものになっていたに違いない。

大学に入った当初、18〜19歳のころ、私は中学校か高校の教員になりたいと思っていた。「社会科の教師になり、サッカー部の顧問をつとめ……」、私の教職観は、自分自身の中学校・高校での体験のみをふまえた、シンプルきわまりないものであった。そのころに、大学での授業を通じ、教育社会学という学問に出会った。「おもしろい!」と思い、やがて大学院進学を志すようになった。大学4年生になっても、今日で言うところの就活は全くしなかった。大学院入試に落ちたら、海外青年協力隊に参加しようとぼんやり考えていた。40年ほども前のことになるが、それはそれはのんびりしていたものである。私自身がのんびり派だったのだろうが、まわりの友人たちや社会全体も、今と比べればゆったりしていた。

無事、私は院試に合格することができた。そして、ほどなく結婚した。昔は、大卒の人間でも早く結婚する者も多かった。間もなく長男が生まれた。私の修士論文は、赤ちゃんだった長男を世話する合間に書いたものである。幸いなことに、生活の糧は高校教員をしていた妻が得てくれたおかげで、こちらは学業に集中することができた。家族ができたということで、私の「自覚」は高まったのだと思う。しっかり勉強し、業績をあげ(=論文を書き)、どこかの大学に就職し、家族を養っていかねばならない。運よく助手になれたのは、博士課程3年の途中のことであった。27歳で「助手」（今で言う「助教」）、29歳で「講師」、34歳で「助教授」（今で言う「准教授」）、44歳で「教授」、そして今にいたる。典型的な、昔ながらの大学教員のキャリアパターンだと言えるだろう。

5　社会学的研究のなかの「仕事」

前節で述べた私のキャリアは、社会学で言うなら「上昇移動」の代表的な事例だということができる。「小さな材木屋」という私の出自は、社会学的に言うなら旧中産階級所属ということになるが、私の家庭の実態はきわめて庶民階層的なものであった。他方で、大学教員は専門職の一つであり、地位や威信が最も高い職業のうちに入るとみなされている。

計量社会学のメジャーな一分野に、「社会階層と社会移動」研究というものがある。「ＳＳＭ」という略称で呼ばれることが多いが、戦後の１９５５年を皮切りに、当該領域の社会学者グループが10年に一度大規模な全国調査を実施し、日本社会の階層状況の変動を計量的に把握しようとするものである。

さて、そのＳＳＭ調査の枠組みのなかでは、世の中にある多くの仕事に「職業威信スコア」なるものが割り当てられる。これは、対象者に対するある質問項目（「いまかりにこれらの職業を高いものから低いものへの順に五段階に分けるとしたら、これらの職業はどのように分類されるでしょうか。それぞれの職業について、「最も高い」「やや高い」「ふつう」「やや低い」「最も低い」のどれかで答えてください」）の結果を集計した値である。偏差値のような数値だと思っていただいていいだろう。実際スコアの出方は、以下のようになっている（２０１５年調査の結果。小林 ２０１７）。

高い方：医師90・1、大会社の社長87・1、裁判官86・9、大学教授84・3、パイロット82・5、高級官僚77・5、国会議員74・9…

低い方：炭鉱夫36・7、ウェイトレス38・1、道路工夫39・0、守衛39・9、紡績工42・0、商店の店員42・4、印刷工44・0…

「小学校の教諭（先生）」は63・6とかなり高めにランキングされている。近いところにあるほかの職業には、「薬剤師」65・7、「服飾デザイナー」64・6、「大企業の課長」63・2、「寺の住職」60・3などがある。わかりやすく言うなら、それらの仕事はトップクラスではないが、「上層」の仕事としてみなされている、ということになるだろう。

さて、私が大学院に入ったころの話である。世の中にＳＳＭ調査というものがあり、前述の職業ランキングなるものがあると知った時のことだ。私はこうした研究スタイルに対して、単純に違和感を持った。「職業に貴賤なし」と考えていたからである。ある先輩と、次のような口論になった。

私は言った。「この職業威信スコアは、ある仕事が『上』で、別の仕事は『下』だと明言しているけどおかしくないですか。大学教授が幸せで、ウェイトレスが幸せでないと言えるわけないですから。」その先輩は、次のように答えた。「志水くん、やっぱり大学教授の方が幸せじゃないかい、ウェイトレスよりも。」議論は続いたが、決着を見ることはなかった。たしかに大学教授はウェイトレスや店の店員さんに比べると給料はいいし、安定性もある。そうした客観的指標で見た望ましさから、先輩は、「大学教授の方がやはり幸せだろう」と評価していた。それに対して、その時の私は、「幸せとはそんなに一次元的な尺度で決まるものではない」と言いたかったのだ。皆さんは、どう思われるだろうか。

ＳＳＭでは、ある世代と次の世代の職業を比べ、スコアがあがっていればそれを「上昇移動」とみなす。逆は「下降移動」である。そうした移動の総量を測定し、総量が多ければそれを「流動性」が高い社会とみなし、肯定的に評価する。他方、移動が少なくなっている社会は「階層の固定化」が進んだ社会とみなし、ネガティブな評価が下される。それはそうかな、と私も思う。戦後の高度経済成長期に生まれ育った私は、その波の恩恵を受け「上昇移動」を遂げたことになる。

大学教授になった今、かつて私の先輩が語ったように、やはり「幸せ」と言うことができるだろうか。生活のなかには仕事以外の部分ももちろんあり、職業生活と生活全体の幸せ度は、関連こそすれ、同じではない。さらに年をとってくると、自分以外の人たちのことも考えないといけない部分が広がってきて、自分のことだけ考えればよかった若いころと比べると、話は単純ではなくなっていく。そこで話を職業生活に限定することにしよう。

仕事の世界では、やはり私はトータルして幸せだと思う。その最大の要因は、先に述べたように、

「自分のやりたいこと」を貫けたことである。60歳を超えた今もそうである。やりたいことをやれてきたという思いは強い。大学教員としてのこの三十年余りは、とてもやりがいがあるものだ。

6　仕事というものの性質

ここまで「仕事」というものについて、主として私自身の事例を引きながら見てきた。第一に、今の世の中では、よくも悪くも、仕事は与えられるものではなく、選ぶものとなっていること。第二に、とはいえ今日では、選ぶ仕事は、その人の学力や学歴によっておおむね定まっていく傾向にあること。そして第三に、仕事のやりがいは、自分のやりたいことをやりたいようにできるという要因による部分が大きいように思われること。以上のような諸点を示してきた。

仕事を英語で言うなら、jobとか、workということになる。work（ワーク）の方が、「働く」こと全般を意味する、より広い言葉であるのに対して、job（ジョブ）の方は、もともと「仕事内容」や「一つ一つの作業」を指し、「職業」や「職種」という意味で用いられることが多い。

関連の用語に、labour（レイバー）という言葉がある。「労働」と訳されることが多い。イギリスの労働党の原語はLabour partyである。labourという語のニュアンスは、「つらくきびしい仕事」といったものである。形容詞のlabouriousには、「骨が折れる」という訳が当てられることが多い。また、おなじみの言葉に、business（ビジネス）がある。「忙しい」を意味するbusy（ビジー）から来ているのだろうと思われる方も多いと思うが、語源をあたると、

care（＝気にかかること）や anxiety（＝心配・懸念）を意味する古い英語から来ているということである。よく使う言い回しに none of your business があるが、これは、「君の仕事ではない」ではなく、「余計なお世話だ」という意味になる。

日本語の「職業」にあたる英語には、先ほどの「ジョブ」のほかに、occupation や vocation や profession という語が存在する。occupation は、ご存じのように、「（場所を）占める」という意味を持つ動詞 occupy の名詞形であり、三つの単語のなかでは最も中立的というか、ふつうに用いられる語である。次に、vocation であるが、これは「使命感を持って選んだ職業」というニュアンスを持つ言葉である。語頭の voc- は「ヴォーカル」（＝声）と同じもので、「神が呼ぶ（声）」を意味するようだ。「神様が自分を召した結果として就く仕事」が vocation、日本語で「天職」と訳すこともある。本書の主題である「教職」は、英語圏では、vocation の代表的なものであるとみなされてきた。最後に、profession。これは、「専門職」と訳される。具体的には、医者や弁護士や大学教員がそれにあたる。のちにもふれるが、教育学の世界では、「教職の専門職性」あるいは「専門職としての教師」に関する議論が長く展開されてきた。教職を専門職と見るかどうかは、いまだに議論が分かれるところである。

世の中にはさまざまな仕事・職業がある。単純労働は、labour としての側面が強い仕事となるだろう。利潤をあげることに集中しないといけない仕事は、business と形容されることが多い。そして、本書の主題となる教師という仕事は、vocation あるいは profession としての側面が強調されてきたということになる。

先に見たＳＳＭ調査の基本的枠組みとなっている職業威信スコアは、人々が思う「職業の序列」である。その順番は、大まかに下から上に、labour → business → vocation → profession という並びとなっていることが知れよう。言葉を変えるなら、そのスコアは、ごく単純な肉体労働からきわめて高度な頭脳労働までのスペクトラムを構成しているということである。

しかしながら、考えてみればすぐにわかるが、肉体労働のなかにもさまざまな工夫や段取り、創造性や主体性が内包されている。他方、頭脳労働のなかにも、labour や business の側面が不可避についてまわるのが常である。端的に言うなら、どの仕事もつらいものである一方、どの仕事にもやりがいがあるはずだ。どのような仕事にめぐり会うか、そして出会った仕事からあなた自身が何をくみ取るか。問われるのは、あなた自身の、仕事に対する姿勢である。

第2章　教師という仕事

1　教師なるもの

本章のテーマは「教師という仕事」の性質や特徴を検討することである。巷には「教師論」に関する本が数多く出版されている。近年私が目にしたなかで最も興味深く感じたのが、内田樹氏の教師論である。なお氏が論じているのは、この本の焦点となる「学校教師」ではなく、芸事や武道などを含めた「師」一般である。もちろん、「学校教師」は「師」の典型とも言えるものであろうから、氏の議論は当然「学校教師」のあり方についても当てはまる。

内田氏の結論はシンプルである。「師であることの条件は師を持っていること」である、すなわち、「人の師たることのできる唯一の条件はその人もまた誰かの弟子であったことがある」ことに尽きるというのである（内田 2009）

氏は、映画スター・ウォーズ・シリーズを引き合いに出し、この作品の主題は「師と弟子」の物語であると特徴づける。長くなるが、引用する。

「弟子として師に仕え、自分の能力を無限に超える存在とつながっているという感覚を持ったことがある。ある無限に続く長い流れの中の、自分は一つの環である。長い鎖の中のただ一つの環にすぎないのだけれど、自分がいなければ、その鎖はとぎれてしまうという自覚と強烈な使命感を抱いたことがある。そういう感覚を持っていることが師の唯一の条件だ、と。弟子が師の技量を超えることなんかいくらでもあり得るわけです。そんなことがあっても全然問題ではない。長い鎖の中には大きな環もあるし、小さな環もある。二つ並んでいる環の後の方の環が大きいからといって、鎖そのものの連続性には少しも支障がない。でも、弟子が『私は師匠を超えた』と言って、この鎖から脱落して、一つの環であることを止めたら、そこで何かが終わってしまう。でも、アナキンに背かれたあとも、師匠のオビワンの方はまだジェダイの「騎士道」につながっている。オビワン自身の師匠のヨーダに対する深い敬意は少しも変わらない。だから、弟子のアナキンに離反されたあとも、オビワン自身は成長を続けることができる。師を超えたと思った瞬間にアナキンは成長を止めるけれど、師は超えられないと信じているオビワンは成長を止めない。今言っている「成長」というのは計測可能な技量のことではないんです。ある種の開放性と言ったらいいでしょうか。自分の中のどこかに外部へ続く「ドア」が開いている。年を取っていようが、体力が衰えようが、つねに自分とは違うもの、自分を超えるものに向けて開かれている。そうやって自分の中に滔々と流れ込んでくるものを受け止めて、それを次の世代に流していく。そういう『パッサー』という仕事が自分の役割だということがわかっているということです。」（前掲書、２１０‐２１１頁）

スターウォーズを知らない人のために解説しておこう。「ジェダイの騎士」の伝統なるものがある。ヨーダがある世代、オビワンが次の世代、アナキンがさらにその次の世代である。細かいことはいいだろう。ヨーダを師と仰ぐオビワンは師であり続けたが、自分を過信したアナキンはオビワンに挑む。その結果、アナキンは師である資格を失ったという話である。

「師である資格は師を持つこと」という内田氏の主張を読んだ時、私はおもわず膝を打った。教師という存在についてもやもやとした気持ちを抱いていた私に、明確な答えを与えてくれた思いがしたからである。弟子の技量が師のそれを上回る時が来た時に、「師は依然として師である」とその弟子が思えるかどうかである。その気持ちを持った者こそが師になれる、と内田氏は主張する。正しい、と思う。

現代においては、すべての子が「学校」に通うことになっているため、すべての子どもは多くの教師に出会う。しかしながら、すべての子どもが教師になれるかというと、そうではない。「師」と呼べる教師にめぐり会えた者だけが「師」たる資格を持つことができる、すなわち、教師としての仕事を正しく行うことができるのではないか、と私は考える。

2　私にとっての恩師たち

私にはたくさんの恩師がいる。そのなかで4人をピックアップしよう。いずれも学校、あるいは大学で出会った人である。彼らの存在があればこそ、大学教員としての私がいる、と強く思う。

一人目は、小3の時の担任だったF先生である。40代の男性教員だった。F先生は、誰に対しても厳格であった。ある算数の時間であった。私は簡単な計算問題を間違えてしまった。ノートに書いた答えが違っているとわかった時、とっさに消しゴムで答えを消し、正しい答えに書き換えようとした瞬間、先生は私をどやしつけた。「こら、志水。ずるいことをするな！」。私は後悔したが、後の祭りである。穴があったら入りたいとは、あの時のことを言うのだろう。恥ずかしかった。二度としないでおこうと思った。あの時の光景は、今でも鮮明に覚えている。「ずるいことをするのは恥ずかしいことだ」。その気持ちは、私の心にしっかりと刻みつけられた。

二人目は、中３の時の担任、Ｙ先生である。30代半ば、野球部顧問の社会科教師。その年の春に他校から異動してきた、バリバリの生徒指導の猛者だった。荒れまくる公立中学と言っていい状況のなか、やんちゃが集まる私のクラスの担任になり、学級、そして学年をおさめた。学級委員長に推薦された私は、苦労しながらクラスをまとめる役割を果たそうとした。その時のクラスの仲間と私は、もうすぐ80歳になろうとするその恩師を囲んで、しばしば飲み会に打ち興じる。あの時のＹ先生率いる３年３組での経験は、教育社会学という学問で生きてきた私の原点となっている。

三人目は、１章でふれた、高校時代の恩師、Ｓ先生である。当時30代、英語科主任の「女傑」と言っていい先生だった。進路指導の責任者でもあったＳ先生は、「私と一緒に東大に行こう」と、私に進学組に移籍することをすすめてくれた。先生には、マンツーマンで英語を教えてもらった。19世紀の英詩を専門とする先生は、キーツやシェリーといった詩人の話を滔々としてくれた。私はわけもわからず聞いていたが、学問の世界や大学という場所はとてもすばらしいところらしいという「憧れ」を強く抱くようになった。そして幸運にも、現役で東大の文科Ⅲ類というところに入学することができた。先にも述べたが、Ｓ先生との出会いがなければ、私は今とは全く違う人生を送っていたに違いないと言い切れる。それほど強いインパクトを、私に与えて下さった先生である。

そして、四人目。大学時代の恩師の天野郁夫先生である。私が学部生のころに他大学から移ってこられた先生は、40代前半。まさに「キレキレ」という言葉がふさわしい俊英だった。私はいわゆるゼミ生となり、学部・大学院と足かけ7年ほど指導を受けた。同じ教育社会学であるが、天野先生の専門は歴史である。「現在の学校の諸問題」をもっぱら研究のターゲットとしてきた私は、テーマ的には大きな影響を受けなかったということもできる。しかしながら、研究者としてのスタイルには多大な影響を受けたに違いない。わかりやすい文章を書くこと、常にデータにもとづいてものを言うこと、そして構造的にものごとを把握すること。何度も言って聞かされた言葉が忘れられない。「大学の先生でまともに研究を続けている人は一割もいない。そうなっちゃいけないよ。」私は、先生のもとを離れてから、何とかその「一割」に入りたいと思い、自分なりの調査研究を続けてきたつもりである。

ここではこれ以上ふれないが、上にあげた4人の先生方以外にも、人生のさまざまな局面で「恩師」と呼べる人に私はめぐり会うことができた。内田の議論で言うならば、その事実こそが、教育という世界を探究する大学教員としての私を支える原動力となっているのだ。

小学生のころにF先生から学んだのは、ちゃんと自分を律することができる人間になれということであった。もっとシンプルに言うなら、「ずるいことはしない」という規範を身につけたということである（実際にそれができているかどうかというと、心許ないところもあるのだが）。そして中3のY学級で学んだことは、立場や個性や価値観が違うクラスメートたちと一緒に何かをつくりあげることの楽しさや喜びであった。しんどいことやうまくいかないことが多々あっても、それ以上に充実感を得られたのである。

高校でのS先生との出会いは、私の人生行路に根底的なインパクトを与えた。東京大学に進むという進路は、S先生がいなければ私にはありえなかった。そして、先生によってかきたてられた学問への憧憬が、私を大学院への進学という選択をとらせたのではないか、と今になって思う。それはそれはきびしい先生だったが、鍛えてもらったおかげで、私は何とか走り続けている。そして、私の学問の「師匠」である天野先生は、常に私のロールモデルとしてあり続けている。古稀を超えてもどんどんと新しい研究書を刊行し続ける先生は、私にとっての「ヨーダ」である。とても敵わないが、少しでも師のあとを追うことができればと願うこのごろである。

私は教師たちから、生きる基本となる規範を教えられ、仲間関係の大切さを教えられ、勉強の重要性を教えられ、仕事のイロハを教えられた。彼らがいたからこそ、今の自分がある。その自分にできることは、教えられたことを次の世代につないでいくことだけだ。これからの日本の学校をつくっていく先生たちに、ぜひ頑張ってほしい。その願いをこめて、長々と自分のことを書かせてもらった。

3　日本の学校教師像

ここからが、本章の主題である。日本において、学校の教師はどのような仕事だと把握されてきたのだろうか。それを私なりに、次の五つの類型に分けて捉えてみたいと思う。この五つは、大まかに歴史の流れに沿って順に出てきたものと考えていただいてよい。

①　聖職としての教師
②　労働者としての教師
③　サラリーマンとしての教師
④　人間としての教師
⑤　専門職としての教師

(1)　聖職としての教師

日本で学校教育制度が成立したのは明治5年（1872年）のことである。いわゆる「学制発布」だ。今から約150年前に近代学校ができたわけである。もちろん、それ以前の時代にも日本には「寺子屋」や「藩校」といった伝統的な学校が広く存在したことはよく知られており、もともと「読み書き」を中心とする学業に人々がなじんできたために日本には学校制度が順調に定着していったとされている。

明治から第二次世界大戦の終戦（１９４５）にいたる時期、日本の教師は「聖職」として捉えられることが一般的だったと言ってよいだろう。英語で教職を vocation と表現することが多いということは、すでに前章で見た。同じように、「戦前期」までの日本では、教職を聖職と捉える見方が支配的だった。その背景となったのは、初代文部大臣であった森有礼が推進した師範教育である。森は、教師に不可欠の資質として「従順・友情・威儀」の三つをあげ、師範学校における教員育成の基礎としたとされている（綾目２０１５、14－16頁）。たとえ薄給だったり、社会的地位が低かったりしても、誇りと使命感を持って崇高な職務を遂行すべきだと説いたのである。

「聖職の碑」という映画がある（１９７８年、鶴田浩二主演）。１９１３年（大正2年）に長野県で起きた山岳遭難事故を題材としたものである。それは、県内のある小学校から木曽駒ケ岳登山に向かった一行37名中11名が命を失う大惨事であった。鶴田演じる校長を中心とする教師たちは、体力のない生徒や雨合羽を吹き飛ばされて装備の十分でない生徒をかばいながら、やむなく下山せざるを得なくなった。結果的に、樹林帯にたどり着けた者は生存し、稜線上で力尽きた者の多くが命を落とした。そのなかには、生徒に防寒シャツを与えて救おうとした校長の姿もあったという。

戦前期の女性教師の姿を描いた壷井栄の小説「二十四の瞳」も、よく知られている。瀬戸内海に浮かぶ小豆島の分教場で、女学校を出たばかりの大石先生が担任した12人の子どもたちのうち、第二次世界大戦で４人がなくなり、１人が失明、１人が行方不明となった。先生は、一人ひとりの子どもを等しく慈しみ、はっきりと戦争を否定する、母性愛にあふれた教師であった（同前書、１９

4－195頁）。

戦前期の教師たちの実際の姿がどんなものだったか、私たちはもはや推測でしか知ることができない。しかし、今日でも残存する、この「聖職者」イメージは、一人ひとりの教師に大きな影響を与える「理念」だったに違いない。

（2）労働者としての教師

1945年、日本は2発の原爆を広島と長崎に投下され、敗戦を迎えることとなった。多くの大人そして子どもが、天地がひっくりかえるような思いや経験をしたことだろう。教師たちの言うことが手のひらを返すように変わった、という話もよく聞く。教育勅語から民主主義の教育へ。価値観が180度変わるという事態がもたらされたのであった。

そこで浮上してきたのが、「労働者」としての教師というイメージであった。労働運動の全般的な高まりと軌を一にするように、日本も組合運動の高揚期を迎えた。有力な教職員組合である日本教職員組合（日教組）の加入率は、1950年代までは9割ほどの水準に達していたという。今からすると、夢のような話である。「教え子を再び戦場に送るな」という有名なスローガンが採択されたのは、朝鮮戦争さなかの1951年のことである。このスローガンを携えて、多くの教師たちが民主主義を旗印とする進歩的な教育を推進しようとした。

それが、今日のものにも匹敵するような「学力低下」論争を引き起こしたのは皮肉なことであった。１９５６年から10年間ほどは、「昭和の全国学力テスト」が実施された時期だった（志水 ２００９ａ）。アメリカ式の新教育が日本の子どもたちの学力低下をもたらしているのではないかというある種の危機感が、その背景にあった。その昭和の全国学力テストも、日教組のボイコット運動にあって廃止を余儀なくされることとなる。戦後から１９８０年代に入るころまでは、日本の学校教育は、文部省（当時）と日教組のせめぎあいの歴史であったとも言いうる。保守派の「日教組が教育をダメにする」という論調も、この時期によく聞いた。「差別・選別の教育」と闘う教師。闘う相手は、文部省を代表とする国家権力、その背後にある大企業・経済資本であった。

(3) サラリーマンとしての教師

「サラリーマンとしての教師」イメージは、先に見た「労働者としての教師」とほぼ時期を同じくして広がっていったものと考えることができる。

「でもしか教師」という言葉がある。「教師にでもなるか」、「教師にしかなれない」といった、覇気のない、向上心のない教師たちを皮肉った言葉である。言われだしたのは１９７０年代のことだという。高度経済成長下の教育拡大期に教師が不足し、手をあげさえすれば教師になれるという状況があったからこそ生まれた言葉だが、もともとはそういう意味で使われていたわけではないらしい。ある用務員さんがデモばかりしている教師たちを見て、「先生はデモしかしないんですねえ」と言ったのをある編集者が「デモしか先生」と表現したのが始まりだそうである。

この語源からも、「労働者としての教師」イメージと「サラリーマンとしての教師」イメージにはそもそもの親近性があることがわかっていただけよう。もちろん「サラリーマン」は「労働者」の一種なのだから、関連性が強いのは当たり前である。ただ「労働者としての教師」という語はポジティブワードであるが、「サラリーマンとしての教師」（縮めて言うと「サラリーマン教師」）は、どちらかというと、「9時から5時までしか働かない」といったネガティブイメージがつきまとう。

資本主義社会は労働時間をお金に変換する社会であるから、「9時から5時」は悪くないというか、仕事に対する当たり前の態度ということもできる。しかしながら、「サラリーマン教師」という言い方のなかにあるのは、「子どもに対する関心や教育に対する情熱が乏しく、事務的に仕事（教育）を行おうとする態度」へのネガティブな評価である。そこに教職というものについての、社会的期待・人々の願いが見てとれるということもできる。

こうした「サラリーマン教師」イメージに対するアンチテーゼとしてあげることができるのが、次の教師タイプである。

(4) 人間としての教師

私の子ども時代、年代で言うと1960年代から70年代にかけての時期、テレビでいわゆる「青春もの」が一世を風靡した。舞台は高校のサッカー部かラグビー部、「熱血」と呼ばれる男性教員がやんちゃな高校生たちと真剣にかかわるなかで生み出される汗と涙の物語である。「青春とはなんだ」「これが青春だ」「飛び出せ！青春」「われら青春！」などなど。竜雷太や中村雅俊といった俳優たちが、主人公の熱血教師役をつとめた。その影響を受け、私は中学・高校に行ったら、ぜひサッカー部に入ってやろうと思ったものである（そして実際そうなった）。

彼らは、生徒たちと文字通り裸でぶつかり合う存在として描かれていた。高度経済成長のピーク期という時代背景もあっただろう。「いけいけ」という言葉になるのかもしれないが、ともかく勢いがあり、生徒たちをぐいぐいと引っ張っていく熱血教師。その人間味あふれる姿に、視聴者たちは大いに共感を覚え、声援を送ったに違いない。その系譜はやがて、京都の伏見工業ラグビー部の実話にもとに製作された「スクールウォーズ」（1980年代）や人気マンガを原作とする「GTO」（1990年代）、「Rookies」（2000年代）などに引き継がれていく。

上に述べたのは、「熱血高校教師」という特定のタイプの系譜であるが、現代では、マスメディアに登場する「人間としての教師」像は多様化している。そのなかで私がここで取り上げておきたい作品は、「夜回り先生」と「鈴木先生」の二つである。

「夜回り先生」は、実在の元高校教員水谷修氏を題材としたもので、2000年代に入ってからマンガ化・ドラマ化されている。神奈川県の高校教員時代、氏は夜の繁華街でパトロールを始めた。虐待、薬物乱用、暴走行為、いじめ、引きこもりなど社会問題に苦しむ若者たちと対話するなかで、氏は「夜回り先生」と呼ばれるようになったという。熱血教師の導きのもとで屈託ない高校生活を送る時代とは、異なる高校生や若者たちの姿が描かれている。

他方、「鈴木先生」は中学校を舞台としたフィクションである。2000年代に人気マンガとなり、2010年代に入ってドラマ化および映画化されている。「鈴木先生」という名前が示すように、「ふつうの教員」の本音や葛藤がクローズアップされる。例えば、鈴木先生は担任しているクラスの女子に恋心を抱いている。これは、1970年代末から80年代にかけての学園ドラマの横綱、武田鉄矢演じる「金八先生」などにはありえない設定であろう。金八先生でも、いじめ・不登校や中学生の妊娠などの教育・社会問題が取り上げられるが、主人公の先生はあくまでも「あるべき教師」として表現されていた。それに対して鈴木先生は、「等身大の人間」の教師として描かれているのである。

（5）専門職としての教師

最後に、「専門職としての教師」というイメージを提出しておこう。これは、「実際の教師の姿」というよりは、「望ましい教師のあり方」についてのイメージである。そして、一般的に社会に広がっているというよりは、主として私たち教育関係者のなかで議論されているイメージである。

1章でもふれたが、「専門職」という語は英語の profession を訳したものである。この英語はラテン語を語源とし、「神の宣託（お告げ）を受けた者」を意味する。もともとは聖職者のみに用いた言葉だったという。「神に近い、特別な地位にある仕事」というふうに考えてもらえるといいだろう。今日ではそれは、「特別の訓練によって獲得された、高度な知識と技能を必要とする職業」

という意味で用いられ、神父・牧師・僧侶といった宗教関係者のほかに、医者や弁護士や大学教員等が含められる。

大学教員だけでなく、学校教師も同様に処遇されるべきだとするのが「教職専門職論」という考え方である（佐藤 2015）。ずいぶん以前から唱えられている考え方だが、21世紀になって、より議論は活発になってきたように感じられる。

21世紀に入ったころ、PISAと呼ばれる国際学力テストで北欧の小国フィンランドがトップクラスの成績をとり、非常に注目を集めた。その「秘密」の一つとして、フィンランドの教師は皆大学院卒である（＝修士号を獲得している）という事実が取り沙汰された。教師の専門職性が高いために、子どもたちの学力が押し上げられているとする議論である。そうした事例を参考にしつつ、文科省は2012年に教員免許法を改正し、大学院修士修了者に対して通常の「一般免許状」よりランクの高い「専修免許状」を発行することとした。

1990年代からこの分野の議論を牽引してきた佐藤学氏は、教師の仕事はオーケストラの指揮者に似ているというユニークな指摘を行い、次のように言う。

「教師の仕事ほど複雑で知性的で芸術的で高度の創造性と専門性を求められる仕事はないと言っても過言ではないだろう。いわば、だれもが不十分にしかなしえない、高度な知性的実践である。しかも、その専門的知識や専門的能力のほとんどは外から見ることはできない。」（佐藤 前掲書、

37頁）

指揮者の難しさは私にはわからないが、教師の仕事はハタで見るよりはるかに複雑で、難しいと思う。ただし、専修免許を持つ修士卒の教師の方が、より優秀で、質の高い教師であるかどうかは、議論の分かれるところである。

4　現代日本の教師

ここまで五つの教師像を見てきた。すなわち、「聖職者としての教師」、「労働者としての教師」、「サラリーマンとしての教師」、「人間としての教師」、「専門職としての教師」。いずれも、一つのイメージだけで教師の全体像を捉えることはできないが、教師という仕事に内在する諸要素をそれぞれは提示していると見ることができる。

近年、具体的には21世紀に入り、そこにプラスして、新たに二つの側面がクローズアップされてきているように思う。その二つとは、「教育はサービス業である」という側面と、「学校がブラック企業化している」という側面である。

まずは、教育はサービス業であるという側面。これは、新自由主義と呼ばれる政治や経済の考え方が教育の世界にも流入し始めたことの影響だと見ることができる。新自由主義とは、ざっくり言うなら市場原理を重視する立場、より具体的に言うなら競争原理や成果主義を制度や政策のなかに取り入れていこうという発想のことである。1980年代以降、イギリスやアメリカを皮切りに、多くの国で政治・経済の新自由主義化が進んできた。手厚い社会保障制度を旨とする福祉国家観に立つと「大きな政府」が必要となるが、新自由主義の発想のもとでは「小さな政府」が標榜される。端的に言うと、国家財政がきびしい状況に置かれている国々では、新自由主義がもてはやされるということである。答えは簡単。相対的にお金がかからないからである。

日本でも21世紀に入るころから、その色彩が強くなってきた。教育の分野に限って言うなら、最も典型的なものが学校選択制度である。消費者（保護者と子ども）によい商品（「特色のある、よい学校」）を選んでもらおうというのが、学校選択制である。2000年に品川区で導入されたことをきっかけに、10年足らずのうちに選択制をとる地方自治体の数は数百にのぼった。学校・教師、その背景に控える教育委員会は、ともかくよい学校をつくって、消費者に選んでもらわなければならない。「お客様は神様です」という論理のもとに教師たちは置かれるようになったのである。「お客様商売」は、多様な客からの期待に応えないといけないが、それは同時に、客からの不満・クレームへの対処が恒常化するということを意味する。また、上手に商品を売ることができる人は、優秀なサービス供給者としてそれなりの対価を得ることができるようになる。それを制度化したものが「教員評価」システムとそれに連動する報酬システムである。

もう一つふれておかねばならないのが、「全国学力テスト」の存在であろう。日本では、全国のすべての公立小中学校と、希望する私立小中学校の子どもたち（小6と中3）を対象として、20

07年からテストが実施されている（2011年には東日本大震災、2020年には新型コロナ禍で中止となった）。学校ごとの成績が公表されている地域もあれば、公表されていない地域もある。いずれにしても、学校側は毎年その結果に一喜一憂している。そのスコアが、陰に陽に、学校の、ひいては教師たちの評価に結びついてくるからである。

これらのおかげで、近頃の学校は、以前と比べるとずいぶん世知辛くなってきているように思われる。よく言われることであるが、教育の成果は子どもたちが大きくなってから初めてわかるのであり、なおかつ、そもそもそれは簡単に数値で測れるようなものではない。しかし、それをあえてやろうとするのが、新自由主義の世界である。それは、「営業マンとしての教師」の役割を現場の教員に強いることになる。

これが、次の「学校はブラック企業」という話につながってくる。

30歳前後で、研究者として学校現場に出入りを始めたころ、学校のなかでは「教育」という言葉はほとんど使われず、代わりに「指導」という言葉がやたらとたくさん出てくることに気づき、論文に書いたりしたことがある（志水 2002、2章）。つまり学校現場では、「指導」という言葉で、およそありとあらゆることが教育的意義を持つものとして組み立てられることを発見したのだった。例えば、「清掃指導」や「給食指導」、あるいは「校門指導」など。これと同じことを、引用した佐藤氏は「教職の無境界性」という言葉で表現している（佐藤 1994）。要するに、何でもあり。必然的に教師は忙しくなり、帰宅時間が遅くなる。ある時期、「教師のバーンアウト」が話題になったこともある。そして今、日本の学校、とりわけ中学校は、「ブラック企業」とすら形容されるようになってきている。

きっかけとなったのは、２０１８年に実施、翌年公表されたＯＥＣＤの調査結果である（国立教育政策研究所　２０１９）。そこで明らかになったのは、教員の１週間の仕事時間の国際平均は38・3時間であり、日本の小学校54・4時間、中学校56・0時間は、調査に参加した48か国・地域のなかで最も長いということであった。中学校教師は部活動を中心とする課外活動に費やす時間が長く、しかもそれに対してはほとんど報酬が支払われない。「ブラック企業」と言われるようになったゆえんである。学校の業務改善は今日至上命題とされており、「教師の働き方改革」が声高に叫ばれるようになっている。

これに関連して語られるのは、このところ教員志望者の数が減少し、教員採用試験の倍率が低下し始めているという事態である。また、非常勤講師の人材不足も出始めており、空いた穴を埋めるのに苦労する自治体が続出しているという話もある。さらには、一部地域では、管理職（校長や教頭）のなり手が不足気味であるという状況も指摘されている。本当に、若者たちの「教職離れ」が進行しているとすると、それは危機的な状況と言わねばならない。「サラリーマン教師」ならまだよい。誰も教師になりたがらない時代が来るとするなら、そしてそれが教職の「ブラック」ぶりに由来するとしたなら、日本の将来は真っ暗ということになってしまう。

とは言うものの、学校現場に実際に足を運んでみると、教師と子どもたちのかかわりは以前と同じように活発であり、喜怒哀楽に富んでいる。そして、若い教師たちはもとより、ベテランの先生方の情熱もまだまだ健在であるように見受けられる。そうした学校の雰囲気や文化を損なわないような政策的舵取りが、何よりも必要とされている時代だと思う。

5 教師冥利とは―教師のメンタルのコアにあるもの

まだ30歳になっていなかったころのことである。継続的に訪問させていただくようになったある中学校の教師に、私は、次のように教えてもらった。「中学校の教師はね、定期テストで80点をとる子が90点をとった時より、20点しかとれない子が30点をとった時にうれしいと思うものなんだ」。「へぇ、そうなのか」、私は単純に感心したものである。またある教師は次のように言った。「どんなに苦労しても、どんなにしんどい目にあっても、卒業式での姿を見るとすべてが報われた気になります。やっぱり、教師はやめられませんね。」

教師の仕事は、ただ教科の勉強を教えるだけではないことはたしかである。ともに学校生活を送り、一緒に汗をかき、時には涙しながら、子どもたちとともに成長していく。それが教師なのだろう。

私の教え子の一人に、中学校教師であったが、ある時抜擢されてその町の指導主事になり、数年後には県教委勤務となった人物がいる。しばらくして、その彼が言った。「私は現場より、教育委員会の方が向いてるようです。こっちの仕事の方が好きなんですよ。定年までここにいたいと思ってます。」 私は驚いた。教師が10人いれば、間違いなく大部分は「教育委員会より、子どもたちのいる学校現場にいたい」と思うはずである。しかし、そうでない人間もいる。そして、それがいいのではないかと思う。いろんな人間がいる（＝多様性）、これこそが学校の面白いところである。彼はやがて県の教育行政の幹部になることもあるかもしれない。

話を元に戻す。国際比較の視点からすると、日本の学校は「ブラック」と判定されるかもしれない。あまりに長時間労働なのは、さすがに私もまずいと感じる。しかしながら、定時に帰れるのが理想状態とは思わない。かつて「多忙」と「多忙感」は違うという議論があった。教師のバーンアウトの背景にあるのは、どちらかというと「多忙感」、その延長線上にある「徒労感」である。時間的には多忙ではあっても、それに対する心理的リターン（手ごたえや周囲からの慰労の声）があれば人間は何とかかんとかやっていけることもある。「ブラック企業」というのは、長時間労働をさせながら、それに見合う報酬を提供しない企業、換言するなら、労働者の徒労感だけが募る職場である。子どもたちが、そして教師自身が成長しているという実感を持てるかどうか、そこが勝負の分かれ目となる。

子どもたちとともに成長する。このことを感じられるのが教師の醍醐味、そう言っていいと、私は思う。

第3章　社会派教師とは

1　主題としての社会派教師

この章では、本書の主題である「社会派教師」というものについて論じてみることにしたい。社会派教師とは、私自身の造語である。その暫定的な定義は、以下のようなものである。「差別や不平等や格差といった社会問題に関心を持ち、教育の力によってそれらを克服し、よりよい社会を築いていこうとする意志を持つ教師」。

この教師像の背景には、私自身がよりどころとしてきた教育社会学という学問がある。私は、現代の教師がすぐれた教師であるためには、教育社会学的な知識や素養を身につけることが必須だと考えるのであるが、残念ながら現在の教職課程のカリキュラムは、次節で述べるように心理学的な「偏り」がきわめて強いと思われる。教師たちはおおむねまじめに、善意を持って子どもたちにあたるのであるが、教育社会学的視座を欠いているために、その働きかけは「個人的成長」の枠組みを超え出ることが少ない。そして、現在の社会のなかにある矛盾や不合理を問いただしたり、社会的な差別や不平等をなくしていこうとしたりする志向性を子どもたちに十分に育むことができないでいるように思われてならない。

社会に勢いがあり、右肩上がりの「成長」を遂げることを期待できていた時代であれば、それでまだよかったのかもしれない。経済成長のおかげで、諸個人が享受できる「パイ」は大きくなる一方だった。しかしながら、今日の日本社会はもはやそのような状況にない。格差や不平等、あるいは差別や抑圧が、日常的なものとして意識されるようになり、人々の生活をどのように豊かで、意義あるものにしていくかという問いが、解決すべき大きな今日的課題として浮上してきている。

心理学をベースとする教育観・教師観のもとでは、社会の不平等な構造や差別的な社会体制・社会的仕組みは議論の俎上にのぼりにくく、その結果としてそれらは等閑視され、温存される傾向にある。他方、教育社会学においては、文化的再生産論という考え方が今から半世紀ほども前に生み出され、「学校内での文化伝達の過程を通じて、社会構造のなかにある不平等や差別的体質が世代をこえて再生産されている」と議論されてきた。そこでは、学校教師は、ある意味「再生産の代理人」と位置づけられる。もちろん、教師は自らを「再生産の手先」などと思っているわけではない。主観的には、子どもたちの成長・発達に少しでも寄与したいと願い、全力を尽くしている。それが結果的に再生産につながっているのだ、と教育社会学は主張する。もちろん、教師だけの力でこの再生産のサイクルをストップさせることは難しい、と私は考える。しかし、そのこと、すなわち学校・教師は、不平等や格差再生産のエージェントとなりがちであるという事実をまず認識することは必要だろう。現実を認識すること、そしてできるところからそれを変えるべく、仲間たちとともに行動していくこと。私が考える現代的教師の理想像のベースはそこにある。厳密に言うなら、そうした教師は「教育社会学的教師」と呼ぶべきなのであるが、それでは長いし、わかりにくいので、ここでは意味をとって「社会派教師」と名づけることにする。

2　どのような教師がつくられようとしているのか

私は若いころ、ある教員養成大学に勤務していた。そこでは、教員養成の最も基礎となる部分に二つの講座を据えていた。その二つとは、「教育学教室」と「教育心理学教室」である。それぞれに十数人の先生方が所属していた。私は、教育学教室の一員として働いたのだが、着任当時次のような疑問を抱いていた。すなわち、教育学教室には、教育哲学の先生、教育史の先生、教育制度学の先生、社会教育学の先生、そして私たち教育社会学のスタッフ等がいるのに、その一分野であるはずの教育心理学は別に「一家」を築いて、そこだけで十数人の先生がいる。一体これは、どうしたことなのか。日本の教員養成大学の歴史をくわしく調べたわけではないが、この「教育学」と「教育心理学」の並置・並存関係は、当時は他の教員養成大学にも共通していた。要するに、教育諸学のなかで教育心理学だけが特権的な地位を占めていたというわけである。釈然としない気持ちは残ったが、現実はそのように動いていたわけで、ほどなく私もそれを「常識」として受け止めるようになっていった。

ピアジェという教育心理学者がいる。ビッグネーム中のビッグネームと言ってよい人物である。感覚運動期（0～2歳）→前操作期（2～7歳）→具体的操作期（7～12歳）→形式的操作期（12歳以降）の4段階からなる、個人の認知発達の段階説は超メジャーな学説であり、今日の学校教育の前提となっているとさえ言えるぐらいである。すなわち私たちは、抽象的に概念を操作し、論理的に複雑な思考を展開できる個人を「できる人」とみなし、そうした人々を産出することを学校教育の大きな目的だと、明示的・暗黙的に位置づけている。それは言ってしまえば、ピアジェ的人間観・教育観が教育界にどっかと腰を下ろしている、すなわち学校教育のパラダイムとなっている、ということだ。私も若いころはそれがふつうだと考えていた。しかし還暦を迎えた今は、そうではないだろう、という思いが強くなっている。その中身については、本書でおいおい述べる。

さて、現代の日本において、どのような教師が公式的に求められているのか。まず文科省の見解をフォローしてみることにしよう。

文科省の中央教育審議会は2015年に、『これからの学校教育を担う教員の資質能力の向上について』という答申を出している。そこでは、これからの教員に求められる力として次のようなことが謳われている。

「教員としての使命感、教育的愛情、教科や教職に関する専門的知識、実践的指導力、総合的人間力など従来必要とされてきた不易の能力に加え、キャリアステージに応じた資質能力を高める自律性、情報を収集・選択・活用する能力や深く知識を構造化する力、学校を取り巻く新たな教育課題に対応できる力量」（中央教育審議会　2015、9頁）

「不易の能力」にプラスして、新たな時代に即して必要とされるいくつもの力。たしかに一つひとつは重要なものであり、ないよりはあった方がいいに違いないが、それにしても総花的な内容になっている。これまでも学校教師には「スーパーマン」的な力量が期待されてきたが、さらに「スーパー」な「ハイパー・スーパーマン」が求められているようですらある。

こうした答申案を出した中央教育審議会（略して「中教審」）は、大学教員のみならず企業関係者、学校関係者、諸団体の代表等さまざまな委員から構成されているが、その下部に位置づけられている「教育課程部会」「教員養成部会」などでの実質的な議論を取り仕切るのはやはり大学教員である。そして今日の状況を見るなら、教育心理学者や教育方法学者の出番が充実しており、教育社会学者の出る幕はほとんどない。必然的に議論は、心理学的な色彩が強くなっていく。

先の引用を再び見ていただくと、後半部分に「情報を収集・選択・活用する能力や深く知識を構造化する力」という文言が出てくる。実はこのコンセプトは、２０２０年から始まった小学校の新しい学習指導要領（中学校は21年、高校は22年からスタート）において重視されているものでもある。要するに、「子どもに必要な新たな力」と同じものを、教員にも要求しているということである。

話はやや教員養成から逸れるが、新たな学習指導要領の中心的なキーワードとなっているのが、「アクティブ・ラーニング（主体的・対話的で深い学び）」である。この新しい学習指導要領の理論的部分は、教育心理学者たちのイニシアチブでつくられたと言ってよいのだが、私たち教育社会学者の目から見ると、このコンセプトは明らかに「できる子どもたち」を念頭に置いたものと言わざるを得ない。もちろん学びは、受け身より主体的な方が望ましいし、他者や世界あるいは自分自身との対話があった方がよいに違いない。なおかつ、浅いより深い方がいいに決まっている（ただし「深い」とはどういうことか、よりつっこんで捉えられないといけない）。

いずれにしても、私が言いたいのは、今回の（あるいは「今回も」と表現すべきか）学習指導要領では、「できない子」のことはあまり想定されていないということである。理念としては間違いではない。授業がそれに即したものに純粋に構成されるのであれば、それはすばらしいことである。しかしながら、子どもたちのなかには、素直に学びに向かえなかったり、関心を持てなかったりする子がいる。暮らしや家庭のなかの問題から、教室や授業に入る以前につまずいてしまっている子もいる。そうした子どもたちへの目配りが、残念ながらこの学習指導要領には希薄であると言わざるを得ない。

数年前に、心理学関連の学会で「学力格差の克服」をテーマとしたシンポジウムが開催された。私は報告者の一人として参加させてもらい、教育社会学の視点からの問題の捉え方と対応の仕方について話題提供をした。後半のディスカッションの部分で、私はある著名な教育心理学者から次のようなコメントをもらった。「志水さんの話を聞いていると『できない子』だけが問題のように聞こえるけど、『できる子』たちは放っておいていいのでしょうか。」

最初はなぜそんなことを言うのか、よくわからなかった。なぜならば、私たちにとっての「教育格差」の問題は、「いかにしんどい層の子たちの底上げを図るか」ということと同義だからである。しかしそうした問題意識は、教育心理学者には共有されにくいようである。私はシンポの間じゅう、何か居心地の悪さを感じ続けた。もちろん、「できる子」にも働きかけが不必要だというわけではない。しかしながら、優先順位はあくまでも「できない子」にある。それに対して、学習指導要領が想定しているのは、ピアジェ的な意味での理想的な子ども＝学習者である。そして、その論理は、子どもが置かれた社会的状況や立場にかかわりなく、いかにして個人の資質や能力を伸長させるかということに終始している。

話を元に戻そう。端的に言って私は、教育社会学の素養を持った教師をつくりたいと考えている。現状の教員養成システムやそのカリキュラム、そしてその背後にある教師観・学習観は心理学をパラダイムとするもので、バランスを欠いていると感じるからである。

２０１９年からスタートした新しい教職課程カリキュラムを見てみよう。例えば小学校の一種免許の単位数は「59」となっている。その内訳は、「教科および教育の指導法に関する科目」が約半分の「30」単位。「教育の基礎的理解に関する科目」および「道徳、総合的な学習の時間等の指導法及び生徒指導、教育相談等に関する科目」が「10」単位ずつ、「教育実践に関する科目」（いわゆる教育実習）が「7」単位。「大学が独自に設定する科目」が「2」単位となっている。このなかで、教育社会学系の授業が開設可能なのは「教育の基礎的理解に関する科目」という枠のみである。そこには「各科目に含めることが必要な事項」として六つの項目が定められており、その一つにかろうじて「教育に関する社会的、制度的又は経営的事項（学校と地域との連携及び学校安全への対応を含む）」があげられている。要するに、学生側からするなら、小学校教員になるためには教育社会学的な内容を持ちうる科目は一つ（2単位）だけでよいということになる。しかもそれは、「教育社会学」という科目ではなく、「教育制度学」や「学校経営論」かもしれないのである。

社会的な格差や不平等の問題は、現状を放置するなら、今後深刻化あるいは拡大していく一方だと思われる。基本的には政治の問題なのだが、何とか教育の力で現代社会の困難な状況を変えていきたいと私は考える。そのために必要となるのが、本書で言うところの社会派教師である。

3　公正原理の重要性

世にＳＤＧｓというものがある。ご存じの人も多いだろう。Sustainable development goals の略で、「持続可能な開発目標」と訳される。２０１５年に国連が定めたもので、「貧困をなくそう」「飢餓をゼロに」「すべての人に健康と福祉を」「質の高い教育をみんなに」など、合計で17の目標が設定され、２０３０年をメドにその完全達成が目指されている。

先日あるＮＰＯ関係者に聞いたのであるが、世界ではこのうち、十番目に設定されている「人や国の不平等をなくそう」という目標がきわめて重視され、「格差危機」（inequality crisis）への対応が最優先の課題の一つとなっている。それに対して、この問題に対する日本国内の関心は驚くほど低いということであった。わかりやすい話である。日本でも21世紀に入って格差や貧困や不平等の問題が注目されるようになってきてはいるが、世界のなかに存在するそれらの絶対的な悲惨さやひどさに比べるとまだずいぶんマシなようである。日本は世界で最も豊かな国の一つであり、いわば「平和ボケ」の状態にあるのだ。ただし、問題がないわけではない。その問題を放置していると、いつきわめてきびしい状況に落ち込んでしまうか、先が見えないところではある。

私たちの関心事は、四番目に設定されている「質の高い教育をみんなに」という目標である。「すべての人々へ、包摂的かつ公正な質の高い教育を提供し、生涯学習の機会を促進する」ことが、そこでは謳われている。学校教育の目標について述べている第一文のオリジナルの英語は、以下のようなものである。ensure inclusive and equitable quality education.「質の高い教育」（quality education）に、「包摂的」（inclusive）と「公正な」（equitable）という二つの形容詞がついていることに注目されたい。「質の高い教育」には、「包摂性」と「公正さ」という二つの性質が不可欠である、という認識をそこに読み取ることができる。

残念ながら、日本の常識はそこまで行っていない、と私は感じる。まず'inclusive'について。日本では、「インクルーシブ教育」というと、「障害児教育」にかかわる事柄であるという理解が一般的である。そして今の日本では、「特別支援教育」というコンセプトのもとに、インクルーシブな教育の実現が試みられている。しかしながら、inclusiveという語のもともとの意味はもっと広いものである。それが打ち出されたのが、サラマンカ宣言（1994年）である。その精神は、「多様な個性や教育ニーズを持つすべての子どもを通常の学校・学級内に受け入れる」というものである。ここで言う「教育ニーズ」は、障害のあるなしにとどまらない。「とても学ぶのが早い子」も「アートや音楽の領域で才能を持つ子」も、特別な教育ニーズに含まれる。「多様な子どもたちが一つの教育の場（学校・学級）で共に生活すること」、それが、サラマンカ宣言における、インクルーシブ教育の中身である。その意味では、日本の特別支援教育は、特別支援学校や特別支援学級での教育やケアを推奨するものであるため、逆方向を向いているということもできる。逆に、イタリアなどヨーロッパのいくつかの国では、障害児教育部門自体をなくそうという取り組みが始まっているとも聞く。なお、日本では、「共生共育論」と呼ばれる考え方にしたがって大阪府を中心にインクルーシブ教育的な実践が展開されてきた歴史的経緯がある（第6章を参照）。

本節でより注目しておきたいのは、もう一つの‘equitable’という語である。見慣れないと思う人も多いだろう。より一般的な語に‘equal’があるが、それとは異なる意味内容を持つ言葉である。後者が「平等な」と訳されることが多いのに対し、前者はもっぱら「公正な」と訳される。名詞形で言うと、equity（公正）となる。これは、教育社会学が大事にしてきた概念である。

まず「平等」と「公正」の違いについてふれておこう。平等は、何よりも量的な概念である。所得の平等とは、同じ金額をもらうということであり、その不平等とは、獲得する金額に大きな（しかも、不満を生じさせるほどの）違いがあるということである。それに対して公正は、質的な概念だということができる。例えばある災害下における避難所の状況を考えてみたい。避難している人のなかに、幼稚園児と体の大きなラガーマンがいたとする。配給のおにぎりを1個ずつ分けるのが平等な分け方とすると、例えばラガーマンには2個配るといった「傾斜配分」的やり方が公正の考え方にもとづく配分方法である。この場合、「彼のエネルギー消費量は幼稚園児の2倍以上になるだろうから、おにぎりの数を少なくとも倍にするのが正しい」と考えるのである。公正の考え方に則った場合、答えは一つとは限らない。上の場合であれば、「いや、2個は多いから、1・5個にすべきだ」とか、「おにぎりはたくさんあるから、3個でもよいのでは」という考えも出てくるかもしれない。このような観点から見た場合、平等と公正の違いは、言葉を換えると「形式的平等」と「実質的平等」の違いと表現することも可能である。

いずれにせよ、量的平等の答えはふつう一つであるが、質的な公正には複数の答えがありうる（＝「唯一の答え」はない）。そして不公正とは、「誰が見てもおかしい」と感じるような状況を指す言葉である。例えば、低所得層に課される所得税率と億万長者に対するそれが同じ（平等！）であるとすれば、ほとんどすべての人はそれを不公正だと思うだろう。しかし、低所得層の税率が例えば10％だとすると、億万長者のそれは30％がよいか、50％がよいか、はたまた70％がよいか、というと議論は大いに分かれるだろう。公正の「解」は、その背後にある価値観や問題となる状況・文脈によっておのずと変わってくるだろう。

日本の学校文化は、長らくその「平等主義」を特徴としてきた。換言するなら、形式的平等を重視してきた。それを損なう行為は「特別扱い」や「えこひいき」とみなされ、忌避されることが一般的であった。皆さんの学校時代を振り返ってもらえばよいだろう。私たちの時代であれば、給食というと、同じものを同じ量食べなければならないのが通例であった。形式的平等の最たるものと言ってよいだろう。好き嫌いは許されなかった。食物アレルギーもほとんど考慮されることはなかった。食の細い女子が食べ終わることができず、昼休みが始まっても一人黙々と食べ続けていたあの光景。もちろん今では、給食の食べ方もずいぶん変わっている。しかし、形式的平等を重んじる風土は依然として健在であるとも言える。

形式的平等をよしとしているかぎり、現存する格差や不平等はなくならない。むしろ、それらは拡大していくだろう。なぜなら今日の社会の新自由主義的風潮のなかでは、富める者はさらに富み、そうでない者はさらにしんどい状況に陥る場合が圧倒的に多いからである。教育に公正の考え方を積極的に取り入れることでしか、現状を変える筋道はないのではなかろうか。

ところで、教育社会学では、ある教育システムのパフォーマンスを評価する場合に、「公正」概念を「卓越性」（excellence）という概念とペアで扱うことが多い。公正が、「すべての子どもに十分な教育機会を提供し、適切な教育達成を保障できているか」にかかわる概念であるのに対して、卓越性は、「すべての子どものポテンシャルを最大限に伸ばすことができているか」という点にかかわるものである（志水・鈴木 2012）。例えば学力の問題に引き付けて言うなら、「すべての子を伸ばし平均点をあげる」（＝水準向上）というのが卓越性の視点となり、「さまざまな集団間の点数のバラツキを小さくする」（＝格差是正）というのが公正の視点となる。ここ十年以上にわたって学力格差研究を続けてきた私たちの現時点での結論は、日本は公正の考え方にもとづく働きかけが極端に薄いというものである（志水 2020）。すなわち、学力向上のかけ声が大きいわりには、学力の階層差や男女差などに対する関心は低く、それを是正するための政策や取り組みは諸外国に比べると驚くほど低調だということである。端的に言って、日本の教育関係者の関心は「卓越性を伸ばすこと」に目が向きすぎていて、「公正を追求する」という視点が驚くほど弱い。歯がゆいとしか言いようがない状況である。

4　社会派教師とは?

ようやく本章の中心的テーマについて述べる段階に来た。私が考える「社会派教師」とはどんな教師か。それを具体的に述べておこう。

そもそも「社会派」とは、「社会派小説」とか「社会派ドラマ」といった場合に使われる言葉で、辞書的に言うなら、「現実の社会問題に重きを置く傾向。また、そのような人」のことである。すなわち、「社会派教師」とは、「現実の社会問題に重きを置く教師」ということになる。先にも述べたように、本当の気持ちは「教育社会学的教師」を生み出したいということなのだが、それでは何のことかわかりにくいだろうから、ここでは「社会派教師」という言い方を採用する。

さて、その社会派教師は以下の六つの特徴を持つ教師のことである。

① 尊敬できる師を持つこと
② 子どもが好きなこと
③ 学び続ける意欲があること
④ 公正原理を大事にすること

⑤　つながりの力を信じること
⑥　社会を変える志向性を持つこと

このうち前の三つは、およそすべての教師に必要と思われる資質に言及するものであり、後の三つが「社会派」と呼ばれるにふさわしい者が備えるべき要素である。順に見ていこう。

(1) 尊敬できる師を持つこと

これについては、すでに前章で長々と述べた。内田樹氏にしたがい、私も、教師たるべき資質の第一は、「師と呼べる人」を持っていることだと考える。教師のなかには、「これまで出会った教師は皆たいしたことがなかった。私こそが真の教師だと呼べる存在になりたい」という理由で学校教師になる者もいるかもしれないが、多くの教師は「尊敬できる自分自身の恩師」を有しているであろう。そして、「わが師のように、自分も子どもたちによい影響を与えたい」と考え、日々の実践を積み重ねているのである。

(2) 子どもが好きなこと

これもよく言われることで、説明の必要もないと思われる読者も多いだろう。学校の教師が相手にするのは、6歳から18歳までの人間である。彼らの特徴は、「若い」ことである。元気があり、何でも素早く吸収するが、「未熟」なところがあり、さまざまな失敗もしでかす。そうした「若さ」を最大の特徴とする子どもたちや青年たちとつきあうことが好きでないと、当たり前ながら教師の仕事を長く続けることは難しい。

私は教員養成大学や教育学部で勤務した時間が長く、自分自身もある時期少年サッカーの「お父さんコーチ」として頑張ったこともあり、最近までだいたいの大人は子どもが好きなんだと思い込んでいた。しかしこのごろ、どうやらそうではないということがわかってきた。世の中には、子どもがきらいな人もたくさんいるのである。運動会の練習の声や音が「騒音」にしか聞こえない人たちだって、地域のなかには暮らしている。

また、今の職場に来てからは、若い大学生たちのなかに、お年寄りが好きな者も多いということもわかってきた。子どもにはあまり関心がないが、お年寄りには大きな関心を持つ「若い」人たち。人それぞれだなと思う。ともあれ、やはり「子どもが好き」でないと教師はつとまらないなと思う。50歳を過ぎても、学級担任や部活の指導者をやるのだから。

（3）学び続ける意欲があること

先にふれた文科省の教師像にも、「学び続ける」という要素が強調されている。変化の激しい現代社会では、学び続ける姿勢を持たない教師はすぐについていけなくなるという論調であるが、それには一理も二理もある。最近の小学校では英語を教えなければならない。古い世代の教員たちは、その対応に四苦八苦している。あるいは、プログラミング学習なるものも導入されつつあり、コンピューターやインターネットを操るＩＣＴリテラシーも、今まで以上に不可欠なスキルとみなされるようになっている。それも勉強しなければならない。

ただ、ここで言いたいのは、そうした新たな教育内容に関する事柄だけではない。そもそも教師は「教える人」であるが、教えるのがうまい人は、そもそも学ぶのがうまい人である。大学で教えていても思うが、同じことを毎年同じように繰り返し教えているだけでは学生たちの反応は鈍くなっていくのみである。ましてや高校生や中学生、そして小学生を相手にするのが学校教師である。常に新たな知識や情報を取り入れ、児童生徒の関心を引くような学習の形を工夫し、その時々の彼らの反応を見ながらよいより授業を創造していかなければならない。私も含め教師には、「終わり」や「完成形」といったものは存在しないと考えた方がよい。教師は子どもの成長の媒介となる存在であるが、その教師自身も常に成長する存在だと捉えることが肝心である。

以下の３項目は、「社会派教師」に独自の要件である。

(4) 公正原理を大事に考えること

社会派教師の社会派教師であるゆえんは、先に述べた公正の原理を体現するように教師として生きることにほかならない。ここでは、抽象論ではなく、できるだけ具体的に述べることにしよう。

例えば、前節でふれた「夜回り先生」がいる。定時制高校教師であった水谷先生は、自分が受け持つ生徒たちのことが気になり、夜の横浜の町を自らパトロールするようになる。夜の町をうろつく子どもたちを何とか助けたいと感じたからである。やがて水谷先生は、彼らから「夜回り先生」と呼ばれ慕われるようになる。社会の矛盾や不条理を体現しているように思われる生徒たちの姿を見るに見かねて、「何とかしてやれないか」というやむにやまれぬ思いで行った行動がパトロール（夜回り）である。立派な社会派教師の姿が、そこにあると思う。

歴史的な視点で見るなら、西日本を中心に、部落問題解決のために立ち上がり、被差別部落の人々と協働して同和教育あるいは解放教育と呼ばれる実践を地道に展開してきた教師たちが存在している。彼らが目指したのは「部落差別の廃絶」であったが、学校教育の目標として設定したのが、「部落の子どもたちの学力保障・進路保障」であった（志水　２０２０）。学力保障とは、「不利な生活環境のもとにある被差別部落の子どもたちにたしかな基礎学力を獲得させること」、進路保障とは同じく「彼らに高校進学・就職の機会を提供すること」を指す。そのために展開されてきたのが、部落問題学習、集団づくり・仲間づくり、地域と結んだ教育運動といった実践の体系であった。これについては、第6章で再びふれたい。

私自身が地元兵庫県の公立中学校に通ったのは、１９７０年代前半のことであった。同和教育の勃興期である。2章でふれた恩師Y先生のおかげで、中3のクラスは大変すばらしいクラスとなり、いくつもの忘れられない思い出ができた。今から思うと、Y先生の学級経営の方針は、同和教育のなかで言われてきた「しんどい子を中心とする学級づくり」というものであった。しんどい生活背景を持つやんちゃな子たちにも出番と居場所のある学級。公正という用語は一切使われていなかったし、Y先生自身もそのような言葉で自分の実践を捉えてはいなかっただろうが、まさに先生の学級づくりは、公正原理に根ざしたものだったと位置づけることができる。

(5) つながりの力を信じること

右に述べた私の中3時のクラスが一つの典型であるが、日本では、同和教育の伝統のあるなしにかかわらず、クラスの一体感や結束を重視する学級づくりが展開されるのが一般的である。日本の学校で教育を受けた方なら心当たりがあるだろう。私はかつてイギリスで暮らし、わが子たちはイギリスの学校や幼稚園に通った経験がある。その経験から言うと、日本の「集団主義」は筋金入りだと思う。ただ集団の規律が重んじられる(=集団のしばりが強い)というだけでなく、日本では「学力形成にも集団の力が作用する」と考えられている。すなわち、子どもたちの支え合いや学び合いで一人ひとりの学力も着実にアップしていくと考えられているのである。

それに対して、イギリスの常識は違っていた。イギリスでは、基本的に学習は教師と一人ひとりの子どもとの間で生じる個人的なものと考えられており、集団的な切磋琢磨や支え合いの要素はほとんどなかった。どちらがいいかというと、私には日本の教室のあり方の方が望ましいように思えた。とりわけ、不利な環境のもとにあり、必要な力を十分に伸ばし切れていない子どもたちにとっては、仲間のサポートやポジティブな声かけは不可欠なように思える。その意味で、イギリスの教室は寂しく感じられたものである。

「つながり」の力は、子どもたちの間だけにあるものではない。当然大人（教師）たちの間にも想定できる。すなわち、職員室の雰囲気がよい学校では「結果」も出やすい。しかし、教師たちの関係がぎくしゃくしている学校では、生徒指導面においても学習面においても課題が顕在化しやすいのである。

そもそも「社会」とは「人間同士のつながり・関係性」をベースにしている。「社会派教師」とは、その力・積極的側面を信じ、それを「子どもたちの教育」という観点から有効に使おうとする教師のことである。私たちが蓄積してきた「効果のある学校」研究は、そうした発想に立つ調査研究である。「効果のある学校」とは、「教育的に不利な環境のもとにある子どもたちの学力を下支えしている学校」のことであるが、私たちが見いだした日本の「効果のある学校」では、おしなべて「つながり」が大切にされ、つながりの構築を基本とする学校づくりが行われていた（志水 2009b）。それが、学力面を中心とする教育成果の産出に大きな役割を果たしていたのである。

（6）社会を変える志向性を持つこと

最後の項目は、たいした解説を必要としないだろう。

かつて、「共産主義社会」の理想を唱えたK．マルクスは、「問題は世界を解釈することではなく、変革することだ」と言った。この言葉に触発されるように、ある時期に世界にはソビエト連邦を皮切りにいくつもの共産主義国が成立した。それが必ずしも理想社会につながらなかったことは、現代の歴史を見れば明らかであるが、先のマルクスの言葉の重要性は決して色あせてはいない。

社会派教師が目指すのは、「社会の変革」である。ただしそれは、「革命をおこし、共産主義国を打ち立てる！」といった気宇壮大なものではなく、もっと身近なものである。まずは学級や学校が子どもたちにとっての社会である。その次に来るのが、近隣社会・地域社会である。手の届く範囲内で、子どもたちとともに課題を見いだし、その解決・改善に向けて教育活動を組み立てていくこと。その教師の姿を見て、子どもたちは社会に存在するさまざまな課題に関心を持ち、自分のできる範囲でそれを克服しようという志向性を自らのなかに育むことができるだろう。

5　社会学的想像力

私が好きな社会学者にＣ．Ｗ．ミルズという人がいる。アメリカ人の元ジャーナリスト。その主著の一つが『社会学的想像力』である。出版年は私が生まれた１９５９年であり、私の愛読書の一つとなっている。

社会学的想像力とは、私的な問題（private problems）を公的な課題（public issues）へと高める力である。私なりに、かみくだいて説明しよう。例えば、「離婚」というものがある。今日の日本では、離婚した母（いわゆるシングルマザー）が子どもたちを育て上げるには大きな困難が伴う。シングルマザーが就ける仕事には限りがあり、概して労働条件が良好でなく十分な収入を得ることが難しいからである。また、以前よりはずいぶんマシにはなったが、シングルマザーに対する世間の風当たりもまだまだ強い。そこで、彼女は思う。「なんて私は運が悪いのだろう。男を見る目がなかったんだ。しんどいことばかり。でも頑張って何とか子どもたちを一人前にしないと。」彼女は離婚したことを、個人的あるいは私的な問題だと捉えるだろう。しかし、同じような境遇にある女性は、現代日本にたくさん存在する。もしシングルマザーに対する社会保障の仕組みがもっと整備されていれば、さらに社会の偏見がもっと少なければ、彼女の悩みはずっと小さいものになるはずだ。すなわち、「離婚に伴う不安や不利益」という私的問題は、「社会保障の充実や偏見の除去」といった公的課題の克服によって解消しうるかもしれないのである。

私は、この種の社会学的想像力が、これからの教師には絶対に必要だと思う。子どもたちは特定の社会・経済・文化的背景のもとに生まれ育っている。そのことを十分に理解することなく、子どもたちを的確に導くことはできない。また、一人ひとりがかかえる問題はもっと大きな社会的文脈の影響を受けているという事実を見据え、そのうえで打てる手立てを考えていきたい。教師はすぐれた心理学者でなければならないが、同時に鋭い洞察力と熱い思いを持つ社会学者でもありたい。

第4章　教育問題の歴史を振り返る

1 教育問題への着目

本章のテーマは教育の歴史である。日本の教育は、どのような発展の歴史をたどってきたのだろうか。すでに「教育史」と呼ばれる学問ジャンルがあり、ばく大な研究の蓄積があるが、ここでは問題を「第二次世界大戦後の学校教育の歴史」について見てみることにしたい。本章では、学校制度がどのように発展してきたのかとか、小中高校のカリキュラムがいかなる変遷をたどってきたのかといった、いわゆる教科書的なアプローチはとらない。ここでは、「教育問題」というものをキーワードとして設定し、戦後の教育問題の変遷という視点から、教育の変化を大づかみに捉えるという作業を行ってみたい。

「教育問題」とは、文字通り「ある社会の教育のなかで、その時々に、大きなあるいは深刻な問題だとみなされる事象やトピック」のことである。本章でものちに扱うが、「いじめ」や「不登校」といった現象がそれに当てはまる。「種々の社会問題のなかで、教育という領域に見られるもの」が教育問題である、と表現することもできるだろう。

「教育問題」(「社会問題一般」と言い換えてもよい)は、二つのレベルに分けて捉えることができる。まず、「実際にその問題が深刻化している」という「実態」レベル。例えば私自身が探究してきた「学力低下問題」で言うと、日本の子どもたちの学力水準は、いくつかの実態調査の結果から、「1990年代から2000年代初めにかけて実際に低下している」事実が明らかになった。

（図４－１）　戦後日本の教育問題の変遷

〈「社会から学校へ」の時代〉　（1945～1979年の35年間）
① 1945～60年代　長欠・不就学
② 1970年代　校内暴力
〈「学校から『心』へ」の時代〉（1980年～1999年の20年間）
③ 1980年代　いじめ
④ 1990年代　不登校
〈「再び社会へ」の時代〉　（2000年～2019年の20年間）
⑤ 2000年代　学力低下
⑥ 2010年代　格差・貧困

それが「実態」のレベルである。それに対して、「その事柄をどれぐらい深刻に感じるか」という「認識」レベル、の存在を指摘することができる。例えば、上述の変化（＝学力テストの点数の低下）を、深刻な問題だとみなす見方が社会に広がれば、それは重大な「教育問題」になったとみなすことができる。しかしながら、その変化をたいしたものではないと人々が認識するならば、それは「教育問題」とはみなされない。その意味で、教育問題の歴史は、教育をめぐる「時代の気分」の変遷を振り返ることでもある。

日本の教育界には、これまでいくつもの、「時代」を色濃く反映する「教育問題」が浮かんでは消え、浮かんでは消えしてきた。その様子を通観することで、日本の教育の歴史的流れと「今」を把握することができるだろう。

上にあげた図４－１は、私自身の見立てである。それぞれの年代を代表すると考えられる六つの教育問題を時間軸に沿ってピックアップした。以下、2～4節では、4分の3世紀（75年）になる「戦後」の歴史を三つの時期に区分し、それぞれの時期における代表的な教育問題の中身を見ていくことにしよう。

なお、図4－1に整理してある図式は、教育問題の専門家である、教育社会学者・伊藤茂樹氏の仕事を下敷きにしたものであることを予めお断りしておきたい（伊藤 1996）。伊藤氏が注目したのが、「教育問題が生じる場所の移行」というテーマであった。1996年の論文では、戦後しばらくは学校の外の社会あるいは社会と学校の接点で生じていた問題が、徐々に学校内の問題へと焦点化されていき、「いじめ」になると、とうとう子ども一人ひとりの「心」のなかの問題に焦点がしぼられるようになってきた、という議論を展開している。その後21世紀になって、教育の問題は、後述するように、再び社会との接点で生じているという認識が強まっている。次節以降で、その流れを追ってみることにしよう。

2 「社会から学校へ」の時代―終戦から1970年代まで

戦後の日本社会で、まず大きな教育問題とされたのが、①の「長欠・不就学」という問題であった。

戦後の混乱のさなかで、1947年に六三制を骨子とする、アメリカに範をとった新しい学校システムがスタートすることになった。そこで目指されたのは、個人の能力と希望によって上位の学校段階に進んでいける、何の制度的障壁もない「単線型」の学校教育システムであった。この時期、高校進学率は１９５０年の42・５％から１９７９年の94・０％へと文字通り急上昇した。大学進学率（大学＋短大の値）もまた、１９５３年の10・１％から１９７９年の37・４％へと順調な伸びを示している。１９７９年と言えば、私自身が20歳になった年、今60歳を越えた私が大人になったころには、すでに高校教育はほぼ行き渡り、大学にも３分の１以上の者が進学するようになっていたというわけである。１９５０〜60年代の高度経済成長が、急速な教育拡大を生んだのであった。

しかしながら、そうした状況のなかで、拡大する後期中等教育（＝高校教育）や高等教育の機会を享受できない社会層も当然存在していた。それどころか、義務教育機関である小学校や中学校にも満足に通えない人々がいた。①の「不就学」とは、小中学校に通っていない人々のことである。また「長欠」とは「長期欠席」の略で、在籍はしているものの長期の欠席（統計上は「年間50日以上」の欠席）が続いている子どものことである。六三制発足当初、不就学者の数は毎年３万人を超えていたという。その後、１９５８年以降は２万人台となり、１９７８年以降は１万人以下となっていった。１９７９年に養護学校への就学が義務化される以前には、不就学者のかなりの部分が「心身障害等により就学猶予・免除がなされる者」で占められていた（日本教育社会学会　１９８６、７５６頁）ということである。他方、長欠者の多くは経済的に貧しい家庭の子どもであった。六三制発足当初の１９４９年には、小学生の０・81％、中学生の３・23％が長欠であったという（同前著、６４３頁）。

読者の皆さんは、小・中学校の教科書がタダで配布されるようになった理由をご存じだろうか。もともとタダだったんだろうと思われるかもしれないが、そうではない。かつて「教科書無償化闘争」というものがあった。時は1961年、舞台は高知県長浜。半農半漁の被差別部落である。浜で働く人たちの当時の賃金は一日約300円。それに対して、小学校の教科書代は約700円、中学校のそれは約1200円だったという。教科書が買えず、学校にも行けないのは部落差別のせいだと考え、住民たちは「教科書をタダにする会」を結成し、憲法26条2項の規定（「義務教育は、これを無償とする」）を盾に運動を展開した。その結果として、小中学校の教科書を無償とするという法律が1963年に成立したのであった（部落解放・人権研究所 2001、236頁）。その運動の恩恵を、今日の私たちは全面的に受けているのである。

それに続く第二の教育問題は、②の校内暴力である。1970年代になって、全国的な広がりを見せた逸脱・病理現象である。それに先立つ1960年代末に、全世界的に問題になったのが、「学園紛争」（主たる舞台が大学だったために「大学紛争」とも呼ばれる）である。1969年には日本の学歴社会の頂点に位置する東京大学の入学試験が、学生たちの運動のゆえに中止となった。学園紛争は、大人がつくった社会秩序に不満を持ち、それとは異なる社会秩序を打ち立てることを目的とした社会運動であった。それと同じような種類の中学生たちの不満が、校内暴力の背景にあったことは間違いない。

私は1970年代前半に地元の公立中学校に通っていたが、その学校は文字通りの「荒れる公立中学」であった。校内暴力、そのなかでも対教師暴力は、日常茶飯事レベルで存在していた。バイクを乗り回し、タバコをふかし、校内をうろつくやんちゃたちを、教師たちは何とか押さえつけようとしたが、ほとんどうまくはいかなかった。若い教師が胸ぐらをつかまれたり、時には小突かれたりすることがしばしば起こった。私の中学の場合、荒れの中心にいたのは、被差別部落からの子どもであったり、「在日」の子であったりした。いずれにしても彼らにとって、教師は反抗の対象であった。一部の教師（そのなかには、私の恩師である、生徒指導畑の野球部顧問もいた）は、その指導力と人間性から一目置かれる存在であったが、おしなべて教師は十把ひとからげにぞんざいに扱われていた。

統計を見てみよう。「校内暴力」は、「対教師暴力」「対器物暴力」「生徒間暴力」に分けられるが、1975年から（「対教師暴力」はその2年前から）その数が公表されるようになったという。補導された生徒の数は増え続け、1981年には1万人を超えたという。翌年の調査では、全国の中学の13・5％、高校の10・5％で校内暴力が発生したという結果が出ている（日本教育社会学会1986、293頁）。校内暴力は80年代以降も断続的に話題にのぼるが、教育問題として注目を集めたピークは1970年代半ばであった。

そのころには高校進学率は90％以上に達し、誰もが学校に行く時代となっていた。行かない者にとっては、それがスティグマ（負の烙印）となるような風潮も出始めていた。要するに、日本社会の学校化が完了した時期とみなすことができるのである。こうした学校化社会のありようにフラストレーションを感じる社会層に属する子どもたちが、その腹いせに中学あるいは高校の教師に手を出すという振る舞いに出たのではないか。子どもたちにとって、教師は、社会の中心、権威の象徴であるから。あのころ荒れていた私の中学時代の仲間たちの様子を思い返すと、そう思えてならない。

高度経済成長期を終え、安定成長期に入った日本では、すべての者が学校とのかかわりで自らの生活を設計し、組み立てていくというモードに入らざるを得ない状況となった。その結果として、それ以降出てくるメジャーな教育問題は、「学校という場を焦点として生じるもの」に独占されるようになる。

3　学校から「心」への時代—1980年代から1990年代まで

次に、1980年代から90年代の状況を見てみることにしよう。端的に言って③の「いじめ」と④の「不登校」とが世間をにぎわす時代である。

先に「校内暴力」は三つの種類に分けることができるといったが、その3番目の「生徒間暴力」が、やがて「いじめ」と形容されるようになるというふうに事態の推移を見ることも可能である。70年代の「校内暴力」は、教師対生徒という学校内のタテの人間関係において生じる問題であったが、80年代の「いじめ」は、生徒対生徒というヨコの人間関係において発生するものである。子どもの気持ち・感情のはけ口が、「権威」から「仲間」に向けられるようになったということである。

すでに指摘されていることだが、「いじめる」という動詞はずっと以前から存在してきたが、今日私たちが想起するような子どもたちの間で生じる問題行動を「いじめ」という名詞で表現することが一般的となったのは、１９８０年代半ば以降という、比較的最近のことである（伊藤　１９９６、25頁）。１９８０年代に入ってから「いじめ」が原因と思われる痛ましい事件が続いたが、「いじめ」を当時の最大の教育問題と位置づけることになったのが、１９８６年に起こった東京都中野区の中学2年生男子が、「このままじゃ『生きじごく』になっちゃうよ」という言葉を残して自殺した事件である。同様に、１９９０年代の半ばには、いじめた側の脅迫により１００万円以上のお金が奪い取られたあげくに中２の子が自殺するという事件が愛知県西尾市で起こり、いじめ問題の第2のピークと呼ばれた。

その時期に書かれた伊藤氏の前出論文（１９９６）では、いじめをめぐるさまざまな新聞記事における「心」が分析の対象とされ、「道徳的・発達的『心』」、「弱い『心』」、「病んだ・蝕まれた『心』」、「受容・共感すべき『心』」という四つのタイプの「心」が析出されている。要するに、「いじめ」は心の問題であるとみなされ、その解決には4番目にあげた「受容・共感すべき『心』」を持つことがとりわけ重要だという考え方が主流になってきている、というのが伊藤氏の結論である。

第二のピーク前後から、学校にスクール・カウンセラーを配置することが一般的になってきている。また、教師たちにも「心の理解」の重要性が説かれ、「カウンセリングマインド」を身につける研修などがもてはやされるようになってきている。そうした動向は、今日にいたるまで続いている。

さて、1990年代に入り、がぜんクローズアップされたのが、④の「不登校」問題であった。子どもたちが学校に来ない状態は、かつてであれば「学校恐怖症」とか「登校拒否」といったネガティブな用語で表現され、正すべき「病理」現象とみなされていた。そのトーンが変ったのが、1990年代前半のことであった。

1992年に文部省（当時）が出した報告書のタイトルは、『登校拒否（不登校）について―児童生徒の「心の居場所づくり」』となっている。この文書から、「不登校」という語を使い始めたと言われている。そこでは、「不登校はどの児童生徒にも起こりうる」という認識が示された。さらに、不登校を見極める目安が「年間50日以上の欠席」から「年間30日以上の欠席」に改められ、より広い範囲の現象を指し示す言葉として1990年代末には「不登校」という語が一般化することになる。なお、この領域の草分け的な研究書として、朝倉景樹氏の『登校拒否のエスノグラフィー』という著作がある（朝倉 1995）。「登校拒否」と「不登校」という両方の語の並存期の著作として位置づけることができよう。また、文部省の報告書のサブタイトルに、「心の居場所づくり」という語が含まれていることも興味深い。ここには、「不登校」も「心」の問題であるというスタンスが共有され、子どもたちに「心の居場所を用意できれば学校に戻ってくる」という、学校復帰を前提とした議論が展開されている。

不登校率の時代的変遷を見ると、長欠問題が取り沙汰された1950年代には減少を始め、その後漸減状態となり1970年代半ばに底を打った。その後再び上昇を始め、1990年代にはさらに増加するという「U字型」のカーブが見られる。なお2000年代以降は、若干の増減を繰り返しながら「高止まり」している状況である（日本教育社会学会 2018、563頁）。

1980年代に注目された「いじめ」、1990年代に関心を集めた「不登校」という二つの問題は、1970年代の「校内暴力」とは異なり、今でも深刻な教育問題であり続けていると見ることもできる。それが主として「心」の問題として語られている現状が、私には不満である。例えば、「いじめ」については、ある時から「いじめられる側がいじめと認識する事態がいじめだ」という把握が一般的となっている。また、「不登校」についても、これもある時から「不登校児に対する無理な登校刺激は避けるべきだ」という見方が幅を利かせており、これについても私は疑義を有している。

これら二つの問題に対して、社会学の領域では、森田洋司氏の実証的な研究がよく知られている。いじめについては、「四層構造論」というものが提起されている（森田・清永 1994）。いじめは、「いじめる側」と「いじめられる側」という二者関係で生じるものではなく、それに「観衆」（まわりではやしたてる者）と「傍観者」（何もしないでいる者）を加えた四者関係のあり方によって構造的に生じるとする見方である。また、不登校については、「ボンド理論」の適用が図られ、実践的な問題提起がなされている（森田 1997）。すなわち、不登校は、個人と学校との4本のきずな（「愛着」「目標達成」「没入」「規範」）が切れたり、細くなったりした時に生じるとし、そのきずなの再構築を図る方向性が示されるのである。詳細を知りたい方は、ぜひ参考にあげた文献を読んでいただきたい。

森田氏の社会学的見方から言うなら、いじめは決して「いじめられた者の心の問題」に還元すべきではないし、不登校に対する「一切の登校刺激はよくない」という見方は間違っていると私自身も強く思う。いじめは、子どもたちの集団とコミュニケーションのあり方の問題であるし、不登校は、その子が持っているものと学校文化のマッチングの問題である。もちろん、子ども一人ひとりの「心」をないがしろにしてよいと言いたいわけではないが、「心のケア」だけで問題解決が図れるというのは、あまりにナイーブな見方だと言わざるを得ない。

いずれにしても、この時代（1980~90年代）は、教育界全体で見るなら、いわゆる「ゆとり教育」が推進された時期であった。成熟した日本社会のなかで、従来のきびしい生徒指導や受験中心主義を批判的に捉え、一人ひとりの子どもに寄り添い、「心」を理解し、彼らの意欲や関心を重視する教育が推進されたのであった。「いじめ」や「不登校」は、そうした背景のもとに生じた教育問題であった。

4 「再び社会へ」の時代—2000年代以降

「学力低下論争」が勃発したのは、1999年のことだったと記憶する。有名国立大学の理数系の先生たちが、『分数ができない大学生』（岡部・西村・戸瀬 1999）というショッキングなタイトルの本を刊行したのがきっかけである。以来、⑤の「学力低下」が21世紀最初の教育問題として、大きく取り沙汰されることになる。「学びからの逃走」「ゆとり教育亡国論」「インセンティブ・ディバイド」などさまざまな考え方が提出され、子どもたちの学力をめぐって百家争鳴の議論が起こった。

ほどなく、21世紀の初めにスタートした、ＯＥＣＤ（経済協力開発機構）主催のＰＩＳＡと呼ばれる国際学力比較調査の結果が発表され、「日本の子どもたちの学力はもはや世界のトップではない」という実態が明らかになった（実際のところは、まだ「トップレベル」という位置にはあった）。それを受けて文科省は、２００３年に「確かな学力向上」路線に転じる。「ゆとり教育」路線は、ここで幕を閉じることになった。その後２００７年から、全国学力・学習状況調査が実施されるようになる。全国の公立小中学校および希望する私立の小中学校の6年生と中学3年生がこの調査にエントリーし、日ごろの学習の成果を競う合う形が今日まで続いている。

日ごろの学習の成果をきちんとチェックし、次につなげていくことは教師にとっても、子どもたちにとっても大切なことである。しかしながら、それを全国一斉に、しかも毎年やる必要は全くないと、私自身は思う。さらにそれが、毎年数十億の国家予算を投じて実行されている、という現状がある。そして、少し考えてみればわかることだが、そのことは、点数をあげるための詰め込み学習を生んだり、学校間や地域間の競争の激化を招いたりといった副作用を生じさせる。今日ではやや沈静化した観はあるが、学校や自治体のテストの平均点をめぐる攻防は、一時期「狂乱状態」と形容できるような状況を呈した。学力テストは、本来よりよい授業や指導を展開するためにある。

それが、テストの点数をあげるための授業や指導を行うという倒錯した状況を生んでいるとしたら、教師にとっても、子どもたちにとっても大変不幸なことである。

そうした状況のなかで、私は、「学力格差の実態把握とその克服の筋道をたどる」ことを目的とする調査研究に携わってきた。2001年から02年にかけて、当時勤務していた東京大学の仲間たちと学力実態調査を実施し、分析を重ねた。その結果、私たちは「学力低下の実体は、学力格差の拡大である」という結論にいたった（苅谷他 2002）。「学力の低下」（子どもたち全員の平均点の下降）は、主として「できない層のはげしい落ち込み（できる層とできない層との「格差」の拡大）によってもたらされているという事実を明らかにすることができたのである。今日、問題なのは「全般的な学力低下」ではなく、「学力格差の拡大」であるという認識は、全国の学校教師の「常識」となっている。それを最初に明らかにしたのは、おそらく私たちの研究グループである。それが、⑥の「貧困・格差」という問題につながっていく。

実は、教育問題の①から⑤についてはほとんど無理なくピックアップできたのだが、2010年代の代表的な教育問題は何かと考えた時に、すぐには答えが出てこなかった。皆さんは、何か思いつくだろうか。「学校のブラック企業化」「教員の不足」「多様化する子ども・家庭への対応」など、新たに叫ばれるようになった学校の課題はいくつもあるが、「いじめ」や「不登校」や「学力低下」といった問題に比べると、社会の側から見てマイナーな感じであることは否めない。

他方で、21世紀に入ってから、格差や貧困という言葉を聞く機会が飛躍的に増えた。今日「格差社会」と呼ばれることが一般的な日本社会は、少なくとも１９８０年代までは「平等社会」という言葉で形容されることがふつうであった。「一億総中流」といった言葉がもてはやされた時期もあった。今から思うと、夢のような話である。先に見た学力格差を筆頭に、学歴格差・進学格差・意欲格差などさまざまなものを含みこむ「教育格差」が、今日クローズアップされている。それに加えて、２００６年あたりから貧困問題ががぜん注目を集めるようになってきた。ホームレスやワーキング・プアの人々のきびしい暮らしがメディアに紹介され、２００８年の年末には生活困窮者が年を越すための避難所（＝派遣村）が日比谷公園に開設された。その後、日本の相対的貧困率は世界的に見ても高く、子どもの７人に１人は貧困状態に置かれている実態が明らかになり（『厚生労働白書』２０１２年版）、２０１３年には「子どもの貧困対策の推進に関する法律」が成立した。

このような経緯をふまえ、２０１０年代を代表する教育問題として⑥の「格差・貧困」を設定することとした。格差や貧困は、そもそも社会の側の状態を指す言葉である。子どもたちが生まれ育つ個々の家庭は明白に階層化され、顕著な格差構造のなかにある。それぞれの家庭で異なる価値観・生活様式・コミュニケーションパターンのなかで育ってきた子どもたちが、公立小学校そして公立中学校の教室に入ってくるのである。そのことが、学習面・学校生活面の両方において、さまざまな問題や解決すべき課題を生じさせることになる。

各地の学校現場や教育委員会を訪れると、教師や指導主事たちは、異口同音に子どもたちの学力は「ふたこぶラクダ化」しているという。もちろん、上位層・下位層の比率は地域や学校によってさまざまだが、「ふたこぶラクダ化」（＝二極化）というレンズで見ると、格差社会に生きる子どもたちの現状を的確に捉えることができるようである。私たちの分析にもとづくと、おそらくそうした事態は２０００年以降にもたらされたもののように思える（志水・高田　２０１６）。

指摘しておきたいのは、今から20年ほど前に子どもの「心」の問題に収れんしたかに見えた教育問題は、その後あたかも「ビッグバン」が起こったかのように、外に向けて放散を始めているように思える。今日では、学校内の問題も、不平等に満ちた外部社会からの力（具体的には、家庭や地域の影響という言い方になるのであるが）によって説明がなされることがもっぱらである。変われば変わるものである。

5　社会と個人をつなぐ学校

これまで日本の戦後を三つの時期（第１期：１９４５～１９７９年の35年、第２期：１９８０～１９９９年の20年、第３期：２０００～２０１９年の20年）に分け、それぞれに代表的な教育問題を概観してきた。その流れを今一度示すと、以下のようになる。

長欠・不就学→校内暴力（以上、第１期「社会から学校へ」の時代）
→いじめ→不登校（以上、第２期「学校から『心』へ」の時代）
→学力低下→格差・貧困（以上、第３期「再び社会へ」の時代）

第1期に生じたのは、大規模な教育拡大であった。具体的には、この期間中に高校進学率は40%から90%以上の水準へ、大学進学率は10%から35%ほどの水準へと上昇した。社会のかなり多くの人が高校や大学での教育をよいものとみなし、そこを目指すことをよしとする社会になった。「長欠・不就学」「校内暴力」という二つの教育問題は、急速な「社会の学校化」のプロセスの途中で生じた課題であったと総括できるであろう。

第2期は、基本的に「ゆとり教育」路線がとられた時代である。高校進学率は95%水準に、大学進学率は50%水準へとさらに上昇した。教育の量的拡大を終え、質的充実を図ろうとしたのがこの時期であると言えよう。そこに、「いじめ」と「不登校」という二大教育問題が浮上してくることになる。いじめは、徹頭徹尾「学校の問題」ということができるだろう。いじめ事象の背景には、必ず学級の人間関係という要素がある。日本の学級の集団主義的・同調主義的風土が、日本的ないじめの特徴を生む原因となっているという見方はあながち的外れなものではないだろう。

他方、不登校もまぎれもない「学校の問題」である。今日では、「学校に行かない」選択肢を公教育でどう保障するかという問題が、先進諸国では大きな問題となりつつある。不登校には、大別して二つのタイプがあると、私は考えてきた。それをここでは、「強い個人の不登校」と「弱い個人の不登校」という言葉で表しておきたい。ミドルクラス的な家庭の子どもたちのなかには、学校・教師のあり方に不満を覚え、学校に行く代わりにフリースクールなどに通い、独自に力をつけていく場合がある。親もそれを推奨したりする。それが、「強い個人の不登校」である。それに対して、相対的に貧しい家庭の子どもたちのなかには、朝起きられないとか、友だちとうまくかかわれないとかといった理由から不登校に陥る子どもたちがいる。それが後者の、「弱い個人の不登校」である。後者の場合は、自治体が運営している「適応教室」やそれぞれの学校内にある「適応スペース」に通うなかで、学校復帰を目指すというスタイルが一般的である。私のなかでは、この2タイプは、先に見た格差社会の階層構造と二重写しになる。象徴的なのは、「いじめ」への着目がスクール・カウンセラーの導入にひと役買ったのに対して、第3期になっても続いている「不登校」への注目はスクール・ソーシャルワーカーの制度化を推進したと指摘できることである。

学力格差の問題にしろ、不登校の問題（とりわけ「弱い個人の不登校」の場合）にしろ、問題の根っこは家庭にあるとされるのが一般的である。そしてその家庭を生み出したのは、不平等で格差に満ちた今日の日本社会であるとも認識されている。いずれにしても、「子どもの育ち」と「学校が持つ定型的な文化」とのミスマッチが不登校問題の底流にある。なお、ここでは紙幅の関係で長々と取り上げることはしないが、1990年代後半から2000年代の初めにかけて、「学級崩壊」が新たな教育問題として取り上げられたことがあった。学級崩壊の底流にあるのも、上で述べたのと同様の「ミスマッチ」であることのみをここでは指摘しておきたい。

他方、「強い個人の不登校」については、それを一つのケースとする「公教育から吹きこぼれる」層の存在という問題を指摘できる。アメリカで、「ホワイトフライト」と呼ばれる問題である。すなわち、豊かな階層に属する人たちのなかには、「現状の公教育にあきたらず、ホームエデュケーションなど代替的な教育のあり方を模索する」人たちが出てきているという。白人が通常の公教育から離脱するので、「ホワイトフライト」と言うわけである。日本でも、大都市部においては、その兆しがあるように思われる。

ここに述べた二つの意味において、第３期を「社会の脱学校化」の時代という言葉で特徴づけておきたい。学校から「こぼれ落ちる」層と、「吹きこぼれていく」層の存在。アメリカにおいては、そして日本においても、もはや公教育は「万人のために開かれた存在」ではなくなりつつあるのかもしれない。

別の言い方で、社会と個人と学校との三者関係の歴史的変化を表現してみることにしよう。本章の考察の前段階にあたる戦前の日本では、学校（とりわけ中等教育・高等教育機関）は恵まれた階層の人たちだけが通える場所であった（〈can の時代〉）。戦後になり、学校教育は単線化され、誰もが行くべき場所として奨励され、実際に第1期に学校教育は大きく拡大した（〈should の時代〉）。それが第2期になると、学校教育を利用することは自明のこととなり、上級学校に進学することは多くの人々にとって「達成しなければならないこと」となった（〈must の時代〉）。その行き過ぎの反省から、90年代にはフリースクールなどの多様な形態の教育機関が生み出されるようになり、正規の学校は行っても（行かなくても）よい場所という位置づけを獲得するようになった〈may の時代〉）。そして第3期になると、強い意志で公立学校に通ったり、あるいは各種の代替的な教育の場を選んだりする人々がいる一方、周囲の支えがなければ正規の学校に満足に通えない人々が生まれ始めている。教育を受ける意志が必要とされているという意味で、今の時代を〈will の時代〉と名づけることにしよう。

近代社会における学校は、社会と個人をつなぐ、なくてはならない制度として成立し、発展してきた。その学校の存在が今世紀に入って揺らぎ始めている。学校は、さまざまな価値観を有する人々の多様な教育ニーズを受け止めきれずにいる。その結果として、唯一無二の学校教育システムを固持していくというよりは、そのなかに多様な教育機関やさまざまな学習の場を含みこむ、柔軟な学校システムの構築が日本でも図られるようになってきている。その象徴が、2016年に成立した教育機会確保法である。これは、夜間中学関係者とフリースクール関係者が後押しして議員立法で成立した法律だが、端的に言うなら、義務教育の機会の多様化を目指したものだと言うことができる。

ただし、「多様化」の美名のもとに、さまざまな人々の分断状況を促進するようなことがあってはならない。学校教育は個々人の教育ニーズに対応できるものでなければならないが、それよりもまず優先されるべきは、その地域・国に生きる人たちに「共通の基盤」を提供することだと、私は考えている。共通の基盤とは、知識であり、文化であり、価値観である。格差・貧困の状況が広がりつつある今日、学校には人々の分断を防ぎ、包摂社会・共生社会を築く礎としての役割が何よりも求められている。この問題については、6章で改めて考察を加えることにしたい。

第5章　教育格差のいま

1　社会の変化と教育変動

これを書いている今は２０２０年である。明治維新は１８６７年、第二次世界大戦の終戦が１９４５年である。維新から終戦までは78年、終戦から今日まで75年が経過している。明治維新で「近代」の日本の幕が開き、終戦で「現代」の日本がスタートを切ったとするなら、「近代」と「現代」の長さはほぼ同じになってきた。社会学では、ひと世代をおよそ25年間と見る。それで言うなら、「近代」の3世代、「現代」の３世代を経て、まさに新型コロナ禍によって新たな生活様式の構築が必要となった２０２０年の日本社会は、「第3期」の始まりを迎えたということもできる。

明治維新と終戦は、ある種の「革命」だと形容しうる。明治維新は、封建社会を解体し、四民平等の社会を築いた。一方終戦は、戦前の社会秩序を崩壊させ、民主主義国家への道を進めた。封建社会のことを、社会学などでは「アリストクラシー」（貴族制＝属性主義社会）の社会と呼んだりする。アリストクラシーのもとでは、人々の人生はほぼ身分や家柄によって定められている。明治維新によって、日本のアリストクラシーは弱められた。代わって、明治5年に学制が敷かれ、近代学校教育制度が成立した。学校制度は、近代国家形成に向けて機能する中心的な社会制度の一つである。それは、個々人の人生を能力と努力によって切り拓いていくものとする道を開いた。「メリトクラシー」（業績主義社会）の到来である。明治・大正・昭和の初期へといたる「近代」の日本は、アリストクラシーとメリトクラシーが混在する社会だったと言えるだろう。

終戦＝敗戦によって、日本社会のあり方は一変する。天皇を絶対的な頂点とする社会から民主主義を至高の理念とする社会へ。そこにおいて、学校制度は、前章で見たように飛躍的に拡大し、メリトクラシーが貫徹する社会を実現させるにいたった。学校制度のなかで獲得される諸個人の「業績」は、「学力」であり、「学歴」である。日本は、それらの業績によって諸個人の人生が大きく左右される「学歴主義」の社会となった。その最盛期は、１９７０年代から80年代にかけての時期だったということができるだろう。しかし、終戦から今日へといたる「現代」の後半戦、具体的に言うなら１９９０年代以降になると、その様相が変わり始める。前章で、「平等社会」から「格差社会」へ、と述べた事態である。

「格差社会」という言葉には、どのような意味がこめられているのか。さまざまな議論を総合すると、そこでは二つのニュアンスが強調されている。第一には、貧富の格差が広がっているという点。これは最も基本的な論点であり、今世紀に入って、この意味での格差は明らかに広がっているというのが定説となっている。第二には、世代間の再生産傾向が強まっているという点。つまり、「豊かな層は豊かな層、貧しい層は貧しい層」という固定化傾向が強まっているということである。

ビーカーのなかの水に何かの粉を入れ、かきまぜると、粒子が水のなかに広がり、濁った状態になる。しかし、徐々に粒子は沈んでいき、水と分離を始める。そして一定時間が経つと、粒子は底に沈殿し、水は澄んだ色の水に戻る。ビーカーを社会構造、粉を貧困層と考えればよい。日本というビーカーは、明治維新と終戦の二度、激しい攪拌状態に見舞われたが、時間が経つにつれ「分離」が進む。戦後3世代（75年）を経た現在、ビーカーのなかの分離・分断状況は、かつてないほどに強まっているると見てよいだろう。1章でご紹介した私の祖父と父（そして祖母と母も）は、学歴で言うなら最低限のものしか有していない状況だったが、高度経済成長のなかで材木屋の商売がうまくいき、その「上げ潮」のなかで一家の長男である私が大学院卒という高学歴を獲得することができた。ビーカー内の粒子の動きが活発だった時代の出来事である。今そうした「上昇移動」が生じる確率は少なくなっているのではないだろうか。

「ペアレントクラシー」という言葉がある。「身分や家柄」がカギを握るアリストクラシー、「能力と努力」にもとづくメリトクラシーに対して、ペアレントクラシーでモノを言うのは「富と願望」である。「富」とは家庭が所有する各種の富、「願望」とは保護者が子どもの教育に対して持つ願いや望みのことである。要するにペアレントクラシーとは、どのような親を持つかが、子どもの人生を決めるうえで大きな影響を持つ社会のことである。注意しておかねばならないのは、メリトクラシーとペアレントクラシーは別物ではないということである。メリトクラシーの発展形、あるいは「行きつく先」がペアレントクラシーだと見ることができるのである。ビーカーのなかの粒子の移動は、著しく少なくなっているようだ。豊かな家庭の子どもたちは、学校に適応する能力や努力の度合いも貧しい家庭の子どもたちよりおしなべて高い、と見られる事態が出現するようになっている。「富と願望」という言葉で表現される家庭環境の格差が、能力形成にも、努力し続ける姿勢にも大きな影響を与える時代が来ているのだ。

2　教育格差の構造

議論を始める前に、「格差」という言葉について改めて振り返っておくことにしたい。確認したいことは3点ある。

まず第一に、格差とは、個人的な違いのことではなく、集合的な差異を指すということである。いつの時代にも、どこの場所でも、勉強の「できる子」と「できない子」はいる。それは単なる「個人差」である。「豊かな層」と「貧しい層」との間には、ほとんどいつもテストの点数の違いがある。それは、それらのグループの間の「学力格差」だということができる。男子と女子の間に平均点の違いがある時、それも「学力格差」だと指摘することが可能である。

第二に、それは、質的な差異ではなく、量的な違いを表すということである。学力格差とは、必ず点数（平均点）の違いとして表示されるものである。例えば、男子にはスポーツ好きが多く、女子には音楽好きが多いといった調査結果が出てきたとしよう。当たり前ながら、これを「趣味格差」などと呼んだりはしない。スポーツと音楽とは、質の違いとして捉えるしかなく、優劣をあらそうような性質のものではないからである。

第三に、それは、ある価値観から是正されることが望ましいと考えられる場合に立ち上がってくるものである。例えば、高校生の身長には男女差があるが、それは「身長格差」とは呼ばれない。男女に違いがあって当たり前とされるからである。しかしながら、男女の間にある学力差は「学力格差」と形容されうる。例えばイギリスでは、労働者階級の白人男子の低学力問題が取り沙汰されることが多い。同じ社会層に属する女子に比べると明らかに低いのである。これは是正の対象とみなされているので、イギリスでは「学力格差」と認識されている。

要するに、集団的に把握されうる量的な違いが社会的に望ましくなく、是正すべきだと認識される時、それが「格差」とみなされるというわけである。

本章のテーマは、「教育格差」である。教育格差とは、「生まれ育った環境によって、受けられる教育に違いが出てくること」を指す。今日の日本において、その全体構造がどのようになっているのか、という問題をここでは考えてみることにしたい。

図5-1をご覧いただきたい。これが、私が考える教育格差の全体図である。いちばん外側の台形をした部分が、階層化された社会の全体を表している。教育格差はその内部にあり、それが果たす役割において社会の再生産に寄与していると見ることができる。

教育格差は、三つのパートに分けて捉えることができる。「入口の格差」「プロセスの格差」「出口の格差」である。

まず、「入口の格差」である。先の定義で、「生まれ育った環境によって」とある部分がここに相当する。「家庭」や「地域」が「環境」の代表的なものだが、話をシンプルにするためにここでは「家庭」の問題にしぼって話を進めていく。

教育格差の最も代表的な議論は、家庭の経済的な格差が学力や学歴の格差に直結しているという

（図５－１）　教育格差の構造

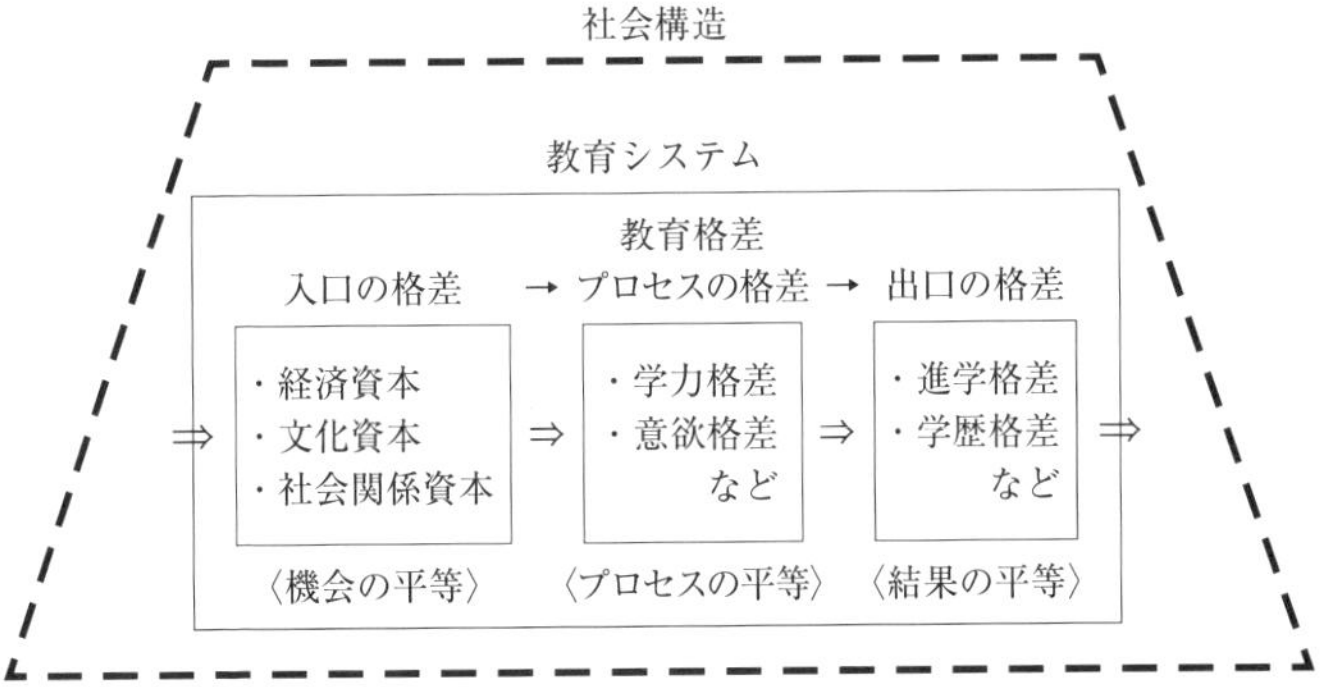

（出典）志水（2020)、97頁を少し改変した

ものである。これは私たちの日常的な感覚にも当てはまるものである。もちろん豊かな家庭の子どもでも学力の低い子はいる。逆に、貧しい家庭の若者でも高い学歴を取得する者もたくさんいる。とは言うものの、平均すると、家庭の経済と子どもの教育達成との間にはかなり強い相関関係が見られることは事実である。

しかしながら、話はそれだけにとどまるものではない。フランスの教育社会学者P．ブルデューが創始した文化的再生産論では、「文化資本」という概念で、家庭の文化的環境が高い教育達成を導くという考え方を示している。またアメリカの教育学者J．コールマンらは、家庭や地域における人間関係のつながりが学力形成に大きな役割を果たしていると主張する。そのつながりは、「社会関係資本」と呼ばれる。要するに、今日の教育社会学では、いわゆる「家庭環境」を、経済資本・文化資本・社会関係資本という三つの資源で把握しようとする見方が主流となってきているのである。

次に、「プロセスの格差」である。ここで言うプロセスとは、学校教育のプロセスを指す。先に見た入口の格差が最終的な出口の格差にどうつながっているのか。それを媒介するのが、学校教育の中身である。その中心を占めるのが、何と言っても「学力格差」というテーマであろう。次に見る出口の格差を導く、おそらく最も大きな要因・経路が学力格差である。

ただ、格差形成に果たす学校の役割は、狭い意味での学力の形成だけにとどまるものではない。近年、「非認知能力」という言葉がもてはやされている。学校教育の役割は、「狭い意味での学力」（＝認知能力）だけではなく、それ以外のもろもろの非認知能力（例えば、やりぬく力・自制心・共感力・コミュニケーション能力といったもの）を伸ばすことにあるという議論が注目を集めている。こうした点にかかわっては、「意欲格差」とか「努力格差」と呼びうる格差の存在が主張されてきた経緯がある。

最後に、「出口の格差」である。これについては、大学進学をめぐる「進学格差」という呼び方もあるが、ひっくるめて言うなら「学歴格差」という問題に集約されるだろう。

現代社会に生きる人々は、「中卒」「高卒」「大卒」「院卒」の四つのグループに大別することができる。このうち高卒と大卒との間にある分断線が果たす役割がきわめて大きいとするのが、吉川徹氏の主張である（吉川　２００９）。その間には、収入や労働条件といった経済的側面のみならず、ものの見方・考え方や行動様式といった事柄においても大きな格差あるいは差異が見られるというのである。

以下、三つのパートについて、それぞれくわしく見ていくことにしよう。

3　出口の格差

まず、出口の格差という問題について考えてみよう。

皆さんは、夜間中学というものをご存じだろうか。50代以上の方なら、今から30年ほど前に話題になった、山田洋二監督の「学校」という映画のことを覚えておられるかもしれない。在日コリアンのオモニ、中年の日雇い労働者、障害のある青年、不登校経験のある娘さんなどさまざまな境遇にある人たちが、ある夜間中学を舞台に、西田敏行演じる先生のもとで友情のきずなを結び、学びに目覚めていくという物語である。彼らは中卒という肩書すら持たない、いわば日本社会の底辺に生きる人たちである。２０１６年に成立した「教育機会確保法」では、この夜間中学に焦点を当て、その全国的な振興を謳っている。近年来日する外国人生徒が急増しており、その存在の重要性が改めて認識されつつある。また、「高認」（高卒資格認定試験）という試験制度がある。かつて「大検」と呼ばれたものである。貧困や学校不適応のゆえ、あるいは他のさまざまな理由から高卒資格を得ることができなかった人たちのためにある、いわば再挑戦の機会である。毎年、数万人が高認を受験し、新たな進路・人生を切り拓こうとしている。

先に述べた吉川氏の主張は、高卒とそれ以上の学歴との間にあるカベを強調したものであるが、右に述べたように、今日の日本には、中卒あるいは高卒の資格を得るために命を削るようにして勉強に励んでいる人たちがいることを忘れてはならない。なぜ彼らは、そのような行動をとるのか。理由は明白である。日本では（おそらく他の国々でも同様だろう）、学歴・教育歴と就きうる仕事・職業との間に明確な関係性があるからである。すなわち、学歴をあげなければ、一定以上の収入を得、安定した生活を築くことが困難なことが多いからである。

学歴と職業の関連性というテーマについては、社会学や経済学の領域で多くの研究の蓄積がある。今、私の手元に2冊の本がある。いずれも「教育格差」という語を冠した新書である。

一冊目は経済学者である橘木俊詔氏の『日本の教育格差』（2010年）である。この本の主要なテーマは、「結果の格差」、ここで言う「出口の格差」である。ここでは、これまで述べてきた、卒業学校段階別の格差のみならず、名門校か非名門校か、あるいは高偏差値校かそうでないか、といった「卒業学校の質やブランド度」の違いにも踏み込んで分析・考察している。そのうえで、格差の三極化構造を指摘している。すなわち、「高卒以下の者」「普通の大学や短大を卒業したもの」「名門度の高い大学を卒業した者」という三極である。この橘木氏の議論は、吉川氏の言う「大卒」層のなかの分化状況をさらにくわしく見たものと位置づけることができよう。

もう一冊は、気鋭の教育社会学者・松岡亮二氏の、そのものズバリ『教育格差』（2019年）と題された新書である。この本の特徴は、個人別・学校別・地域別に見た場合の教育格差の、いわば増幅過程を丹念に拾いだしている点である。すなわち、小学校、中学校、高校という学校段階別に、豊富な統計データをもとに格差の構造を事細かに描き出している。

これらを代表とする実証的研究の蓄積によって、教育格差の構造が明らかになってきたと言ってよいだろう。「生まれが取得学歴に大きくかかわっている」ことは今や自明の事柄である。

教育社会学者の荒巻草平氏は、精緻な統計的分析をふまえて、「学歴の階層差は、教育的地位志向の強さによって生じる」と結論づける（荒巻　２０１６年）。「教育的地位志向」とは、わかりやすく言うなら、親の、子どもの学歴に対する期待の強さである。言い換えるなら、「子どもに高い学歴を期待する親の子どもは、高い学歴を獲得しやすい」ということである。実はこれは、従来の調査研究によっても、しばしば指摘されてきた事柄である。子どもの学歴に影響を与えるすべての要因のなかで、最も強い影響を与える項目が「親の教育期待」なのである。ペアレントクラシーにおいて、カギになる二つの要因のうちの一つが「（親の）願望」であったことを想起されたい。私自身のことを振り返っても、自らの教育達成に対して大きな影響を与えたのは、学歴のない父親の「高い教育に対する強い思い」であった。ただ私の場合は、２章で述べた、高校での恩師との出会いという媒介項がなければ大学院まで進学することはなかったであろう。

いつの世にも、人々の間に地位や収入あるいは社会的影響力において違いがあることは明らかである。アリストクラシーの世では、生まれによる違いがつきものであった。例えば、前近代の日本では「士・農・工・商・えた・ひにん」という身分がつくられ、そのなかで人々は日々の暮らしを送っていた。その際、身分は価値的・質的な優劣を伴う（武士は高貴で、商人はいやしいなどといった）ものであり、その違いは、格差とか不平等とかいう言葉で表現されるような類いのものではなかっただろう。先に述べたように、格差とは質的ではなく、そもそも量的な違いに言及するものだからである。

それに比してメリトクラシーの世の中になると、少なくとも理屈のうえでは、個人の能力と努力次第で社会をのしあがれることになっているので、学歴の低い者は、能力のない者、努力をしない者というレッテルを貼られがちとなる。そして、格差や不平等といった言葉で表現される個人間の差異が拡大していくことになるのである。今日では、人々の社会生活・職業生活は学歴の層によって分離する傾向が強いので、例えば院卒の人間と中卒の人間がかかわり合う状況は少なくなっている。

4　入口の格差

次に、入口の格差について見てみることにしよう。

今も続く新型コロナ禍の状況で懸念されるのが、まさに本章で扱っている教育格差の拡大という事態である。２０２０年の2月中旬からおよそ3ヶ月間、子どもたちが学校へ通えない時期が続いた。いわば通常6週間ほどの夏休みの、倍ほどの長さがある臨時休暇が降ってきたのである。しかも、自由には外に出られない、友だちと会うこともままならない日々が続いたのであった。そのなかで、親が教育熱心な（前節の言葉を使うなら、親の教育的地位志向が強い）家庭の子どもたちは、学校が出す課題・宿題にいちはやく対応し、塾が始めた遠隔授業で新学年の学習内容の習得に余念がなかった。他方、親の収入が途切れたり、仕事をすることすらままならなくなった家庭の子どもたちのなかには、教科書を開いたり、課題に目を通したりすることもなく、ゲームや携帯・スマホで長い時間をつぶす者もいた。

５月下旬に学校が再開された時、ほとんどの子どもたちは友だちに会えることを楽しみに学校に通い始めたはずである。なかには、不登校気味だった子が学校に戻ってくることも見られたようである。開始直後の少人数の授業、半日だけの授業は、彼らにとって居心地のよいものだったらしい。しかしほどなく、学校は日常を取り戻し始める。そうすると、長い休暇期間を無為に過ごした子どもたちは徐々にしんどい状況となり、一度は学校に戻った不登校気味の子どもたちもまた不登校状態に陥ることが多くなったという。遅れた授業を取り戻そうと、教師たちがしゃかりきとなり、それらの子どもたちは「消化不良」をきたし始めたのだった。

「平時」においても、家庭環境の違いに由来する子どもたちの学習意欲や学習態度の格差は大きい。ましてや「非常時」と言えるコロナ禍のもとでは、それは増幅されこそすれ、縮小するというようなことはないだろう。新型コロナの流行が長引けば長引くほど、長期的な影響が懸念される。

アメリカの教育学者A．ラローは、階層による子育てパターンの違いについて、興味深い議論を提出している。ミドルクラスの親たち（＝教育熱心な層）の子育てが「全面発達に向けた計画的子育て」と呼べるものであるのに対して、ワーキングクラスや貧困層の親たちのそれは「自然な成長に任せる子育て」と称しうるものであるというのである（Lareau 1989）。私たちの研究グループでは、関西のある町で13の家庭に対する数年にわたる子育てを観察した結果、ラローの議論に類似するパターンを見いだすことができた（伊佐　2019）。右に述べたコロナ禍での状況も、「計画的子育て」と「自然に任せる子育て」という対比で、かなりの部分を的確に把握することができたのである。

平時においても、両者の対比は顕著に観察することができる。例えば、都市圏を中心に習い事に5〜6カ所通っている子どもたちが存在するが、それは「計画的子育て」をする家庭に特徴的な教育のあり方だということができよう。片や塾・習い事にほとんどお金を使わない・使えない家庭の子どもたちもいる。彼らは、きょうだいや近所の友だちと、あるいは一人で、放課後の時間を過ごすことがもっぱらとなる。「自然に任せる子育て」である。古い話になるが、私自身の子ども時代は、完全に後者のタイプであった。暗くなってやっと家に帰る、時々近所の友だちの家で夕食までごちそうになることもあった。なつかしい話である。

2節で述べたように、今日では、家庭環境の格差を経済資本・文化資本・社会関係資本の3点セットで理解するのが一般的となっている。経済資本は、私立学校や塾・習い事に通う際に活用されるであろう。文化資本とは、例えば保護者が子どもの宿題を見てやるとか、休日に家族で図書館や美術館・博物館に行くとかいった行動に表れるであろう。今年5月の再開後の学校では、デジタル格差と呼ばれるものが顕在化している。簡単に言うなら、家庭にＷｉＦｉ・ネットワーク環境があるかないかという問題である。これは、家庭の経済資本と文化資本の両方にかかわる問題だと言ってよいだろう。

そして社会関係資本は、子どもがどのような人間関係、社会的ネットワークのなかで生活しているかにかかわるものである。計画的子育ての家庭では、学校や塾・習い事の先生や仲間と子どもは主につきあうことになるだろう。一方自然な子育ての家庭では、先にもふれたように、きょうだい・親戚や近所の友だち・大人たちがふだんつきあう相手となる。私たちが以前行った調査によると、豊かな家庭では、社会関係資本は子どもたちの学力形成にほとんど影響を与えないが、豊かではない家庭においては、社会関係資本の多寡が子どもの学力形成にかなりの影響を及ぼすということが明らかになっている（志水　２０１３）。興味深い結果である。

ところで、経済資本に恵まれていても、学力がふるわないという子どもはもちろんいる。逆に、たとえ経済資本に恵まれなくても、すなわち家が貧しくても、文化資本や社会関係資本の蓄積のおかげで、順調に学力を伸ばしている子どももたくさんいる。学力格差の縮小という課題を考える際、お金さえあればよい、すなわち就学援助金や家庭への手当てを支給しさえすればよいという議論があるが、それは単純すぎる考え方だと言わざるを得ない。入口の格差は、決して経済的なものだけではない。文化の次元、社会関係の次元、子どもたちの学力形成に与える家庭の影響力は多元的なものである。そのことを肝に銘じておきたいものである。

5 プロセスの格差

小学校の入学式、これから学校生活をスタートさせる小1の子どもたちの顔は一様に輝いている。長い学校生活の始まりだ。しかし授業が始まると、いろいろな子どもたちがいることがわかる。先生の言うことを一言一句フォローし、きちんと振る舞える子どもがいる一方で、椅子にじっと座っていることすらできなかったり、友だちにちょっかいをかけ続けたりする子もいる。すでに自分の名前を漢字で書ける子がいる一方で、ひらがなを一から学び始める子どももいる。

やがて彼らは中学校に進学する。そして卒業。文科省の統計によると（『文部科学統計要覧』平成30年度版より）、今日高校進学率は約98％、大学進学率は約55％（現役進学の割合）に達している。それを裏返してみると、約2％の者は「中卒」、高校に進んだ者の4割程度が「高卒」（専門学校に進んだ者も含む）、残りが「大卒」の学歴を得るということになる。そして「大卒」のなかから、「院卒」となる者がかなり出てくる。

小学校入学という「入口」は同じだが、出口はバラバラである。小学校の時の同級生が今、何をやっているか、あまりわからないという人の方が圧倒的に多いだろう。学校システムは、子どもたちを異なる社会的世界へと送り出す「転轍機《てんてつき》」の役割を果たしているのだ。

図5－1をもう一度ご覧いただきたい。図の下方に、「機会の平等」「プロセスの平等」「結果の平等」という言葉を書き入れている。すでに述べた「入口の格差」を縮小させることが「機会の平

等」の考え方である。同じように、「出口の格差」を縮小させることが「結果の平等」の考え方である。そのどちらを優先させるかで、一国の政治のスタンスが大きく変わってくる。

例えば、北欧諸国では「結果の平等」を重視する政策をとってきた伝統がある。税金を、特に高所得者から高比率で徴収することで、「高福祉」の状況を実現させるという手法。フィンランドを訪問した際、シングルマザーに対する支援が手厚いため、シングルマザーであることはハンディキャップとはならないという話を聞き、日本とはずいぶん違うなと感じたことがあった。逆に、アメリカなどでは「機会の平等」が重視されるものの、「結果の平等」という考え方は薄い。平等に競争できる状況・条件だけ整備して、あとは「ヨーイドン！」の世界である。必然的に弱肉強食的色彩が強くなる。

「機会の平等」か、「結果の平等」か、なかなか結論の出ない問題であるが、そこに最近付け加えられたのが、「プロセス（あるいは過程）の平等」という第三の考え方である。「プロセスの平等」とは、「入口の格差」の存在を認めたうえで、その違いに応じた差異的な処遇を正当なものと考える立場である。具体的に言うなら、例えば企業において男女間での格差がある場合に、それをなくすための行動を積極的に採ろうとすることである（土屋 2004）。

図5-1も、この考え方にしたがって作成してみた。

学校における「プロセスの格差」の代表的なものは「学力格差」である。もし学校のなかで、「すべての子どもに同じように接する」というスタンスで教育活動が継続されると、「入口の格差」

は「出口の格差」に直結するだろう。すなわち、子どもたちの家庭環境の格差がそのまま学力格差につながり、それが半ば自動的に学歴格差に転換されていくだろう。言い換えるなら、学校がこれまで暗黙のルールとしてきた「形式的平等」（皆を同じように扱う）は、格差の温存や世代的再生産を不可避的に導くことになるだろう。

学力格差を是正するためには、「アファーマティブ・アクション」（差別撤廃のための積極的措置）と呼ばれる行動をとることが不可欠である。関西風に言うなら、「しんどい層に焦点を当てた取り組みを展開する」ということである。具体的には、授業を習熟度別に組織し低学力層に手厚い指導を行うとか、昼休みや放課後に低学力層向けの補充学習の時間を設定するとかである。「プロセスの平等」の視点から必要な取り組み・活動を行うことが、「プロセスの格差」是正につながる。関西の同和教育の流れは、日本の教育の歴史のなかで唯一、こうした取り組みを組織的・体系的に行ったものだと位置づけることができる。同和教育については、「公正」という原理について考える次章で改めて考察してみたいと思う。

図5-1では、「プロセスの格差」の中身を表すものとして、「学力格差」に並んで、「意欲格差」という語をあげておいた。類似の言葉に「努力格差」というものもある。いずれも2000年代に入って使われ始めた言葉である。もともと「意欲」や「努力」は個人ベースのものだと考えられてきたが、そうした心理的要素にも階層差が見られるという指摘が、格差社会論の高まりとともに主張されるようになってきたのである。先に述べた非認知能力という言葉を使えば、「入口の格

差」は、子どもの認知能力（「学力」）のみならず、非認知能力（この場合は、「学習意欲」あるいは「努力」）の格差にも強く関連しているということである。

私は現在勤務している大学で、幸いなことにこれまで授業を行う上で苦労した経験がほとんどない。なぜか。学生たちの学習意欲がすこぶる高いからである。何を要求しても、彼らはほぼそれに応えてくれる。そうした手ごたえがたしかにある。それに対して、私の「教え子」たちのなかには各種の教員として勤務している者もいるが、彼らは私より授業づくりに苦労しているようである。もちろん基礎学力の違いもあるだろうが、それよりも非認知能力レベルの違いの方が問題のようである。

子どもの認知能力と非認知能力とは密接に関連し合ってる。本音で言うなら、非認知能力面での成長こそがより重要な意味を担っている、と私は考えている。そして、その非認知能力は、子どもが生育する家庭環境の影響を直接的にこうむるものである。その問題に学校教育がどう対応していけるか。今後の学校教育の進むべき道を考えるうえで肝《キモ》になる問題だと思う。

6　学校にできること

私たちの研究グループでは、小中学生を対象として３年間にわたる継続的な学力調査を実施した。そこで、学力格差は小学校低学年の段階からたしかに存在すること、そしてその格差は学年進行とともに着実に拡大していくことを明らかにした（若槻・知念 ２０１９）。同様の結果は、別のデータを用いた研究においても報告されている（中西 2017）。学年が進むにつれて学力が徐々にあがっていく子、あるいは下がっていく子（学年内の順位で見た場合）はもちろん存在するが、その数はそれほど多くない。多くの子どもは、「上位層」「中位層」「下位層」といった学力レベルのなかでの変動を繰り返す。そしてその学力レベルは、子どもたちの階層的背景を濃厚に反映したものとなっている。それが現実である。

他方で私たちは、ここ十数年にわたって、「効果のある学校」研究に従事してきた。「効果のある学校」とは、「教育的に不利な環境のもとにある子どもたちの基礎学力を下支えしている学校」のことである。わかりやすく言うなら、放っておくと下位にとどまりがちなタイプの子どもたちの学力水準を中レベルにまで押し上げることを実現している学校のことである。そうした学校が、一定数存在していることを、私たちは明らかにしてきた（志水 2009）。それらの学校では、「プロセスの平等」を目指す取り組みを展開するなかで、子どもたちの間にある「入口の格差」を、ある意味縮小することに成功しているのである。

もちろん学校は万能ではない。しかし、「効果のある学校」研究を通じて、私たちは「学校にはかなりのことができる」という事実を発見することができた。外から見ると、学校の中身はある意味「ブラックボックス」である。先にも述べたように、特段何も工夫しなければ、「入口の格差」が「出口の格差」につながるのみである。しかしながら、「プロセスの平等」を目指す取り組み・実践をそのブラックボックスのなかで展開するならば、「出口の格差」を縮小させることも不可能ではないのである。

そうした「プロセスの平等」を目指す取り組みや実践を背後で支えるのが、「公正」という理念である。次の6章では、その理念を掘り下げて考えてみることにしよう。

第6章　公正な教育を求めて

1　自由と平等、そして公正

正直に言うが、私は19歳で教育社会学という学問に出会うまで、「公正」という言葉について考えたりしたことはなかった。おそらく中学や高校の社会科の時間に「公正」という言葉を教えてもらったことはあったのだろうが、全く印象に残っていない。

それに対して、自由と平等という言葉はよく聞いたものである。読者の皆さんもそうだろう。その二つは、私たちが生きる社会の基本理念の代表的なものだと言える。古い封建社会から近代社会への移行をもたらしたのが、フランス革命を代表とする市民革命である。フランスでは国王の命が刑場の露と消え、自由・平等・博愛を基本原理とする新しい社会が構築されることとなった。現代へといたるその新たな社会のなかで、重要であると位置づけられたのが基本的人権の考え方である。最初に自由権、次に参政権や社会権、さらに平等権という発想が社会のなかに拡大・進行していくことになる。

さて、教育の問題を考える際にしばしば問題となるのが、自由と平等の葛藤というテーマである。一人ひとりの子どもの自由、そして子どもの間での平等は、当然のことながら二つともきわめて重要なものであり、両立が図られなければならないが、いつもうまくいくとは限らない。例えば、子どもの自由を尊重するという意味では公立校についての学校選択制は尊重されるべきであろうが、もしそれが徹底した形で行われると（実際に、それはイギリスで現実となっている）、学校を「選べる層」と「選ばない・選べない層」との間に分断が生じたり、「不人気校」が廃校の憂き目にあったりするといった、平等という観点から見た場合の由々しき事態が生じることになる。日々の学級経営においてもそうであろう。一人ひとりの自由を偏重すると皆の平等を損ないがちになるし、逆に平等にこだわりすぎると個人の自由が著しく制限されたりしてしまう。

今日、自由を最も大事だと考える人たちは、多様な教育の場をつくり、学ぶ場所を子どもたち自身が選択できるようにすべきだと主張する。フリースクールはもとより、ホームスクーリング（家で勉強すること）も問題なし、とする立場である。私自身は、どちらかと言うなら平等の方を重視したい方なので、どうしても右に述べたようなマイナス面（分断を導く、「負け組」をつくる）を強調して見てしまい、自由こそ一番だという考え方には否定的になる。「みんな近所の学校に行き、一緒に同じことを勉強する」ことの方が大事だと、考えてしまうのである。

自由と平等を対比的に扱うなら、公正の考え方は、当然平等の方に近いものだということができる。では、平等と公正とはどこが違うのか、次にそれについて少しくわしく見てみることにしよう。

2　平等と公正

3章において、本書で言う「社会派教師」は、公正を追求する教師である、と論じた。世の中には、すばらしい教師はたくさんいる。私自身、何人かの心に残る教師に出会えたがゆえに今の自分があると、本書のはじめの部分で述べた。しかしながら、その恩師たちが本書で言う社会派教師だったかというと、大学時代の恩師・天野先生を除くと、必ずしもそうではなかったかもしれない。要するに、いい教師は日本じゅうにたくさんいた（そして現在もいる）に違いないが、公正の理念を胸に抱いている社会派教師と呼べる人はそう多くないだろうと思うのである。

かつて私たちは、世界の国々の学力政策を比較するという調査研究プロジェクトを実施したことがある。２０００年にＯＥＣＤが実施するＰＩＳＡ（国際学力比較調査）がスタートして以来、各国はその成績・順位をあげるためにさまざまな施策・取り組みを展開している。そのやり方を比較してみようということになったのである。結果は、『学力政策の比較社会学 国際編―ＰＩＳＡは各国に何をもたらしたか』（２０１２年、明石書店）にまとめてあるので、ご関心のある方はそちらをご覧いただきたい。

そこで明らかになったことを簡単に言うなら、世界の多くの国ではいずれも「学力水準の向上」と「学力格差の縮小」の両方に関して積極的な取り組みを展開しているのに対して、日本では「学力水準の向上」のみに力を注ぎ、「学力格差の縮小」にはほとんど無策だった、という事実である。次節で改めて述べるが、水準の向上は「卓越性」、格差の縮小は「公正」という基準に即して目指されるものである。すなわち、日本では、公正の観点から見た場合、全くお寒い状況であるという現実が浮かび上がってきたのであった。日本には、平等を大事にする風土があると思う。ただし、公正を重んじる文化は、いまだ広範囲には育っていないように思われる。

そこで、平等と公正の違いである。

これについては、すでに3章で、避難所に持ち込まれた「おにぎり」というたとえで簡単に説明したが、改めてこの問題を検討してみることにしよう。ある避難所に緊急物資として500個のおにぎりが持ち込まれた。そこには、300人の人たちが避難している。どのように分けるのがよいだろうか。

平等（equality）とは、量的な概念であり、「同じに分ける」というのが基本である。600個あるなら一人2個ずつ分ければよいのだが、あいにく500個しかない。1個ずつ分けたあとの200個をどうするか。実際に私がある避難所で聞いた話であるが、その避難所では200個を廃棄することもあったという。分けられない、あるいは平等に分けることがきわめて困難で、避難者の不満が高じるのを抑えるためにあえて廃棄処分とするのだ。私はその話を聞いて、「ありえない、もったいない」と感じた。しかし、現場の判断として、それはアリだと思うし、実際にその判断をしていたのである。ある避難所では、まず1個ずつ配り、あとの200個を雑炊にして均等に分けたという。グッドアイディアである。ただ、雑炊をつくるには、熱源・設備・食器や労力がなければならない。

一方、公正（equity）とは、質的な概念であり、「公平に分ける」ことを目指す。先の例で言うなら、体の大きな人には2個を、中ぐらいの人には1個半を、小さい人や子どもには1個を分けるというやり方である（うまく全体が500個になるように計算して）。2：1・5：1という比率や「大きい人」「小さい人」といったカテゴリーをより適切なものに変えるという手もあるだろう。

あるいは、そうした分け方ではなくて、「もっと食べたい人を優先する」という原則をつくって配分するという選択肢もあるだろう。しかしそのやり方は、全員おなかが空いている状態だと機能しにくいのは明らかである。早い者勝ちになっても困る。

両者の違いを言葉で表すなら、要するに「量的平等」と「質的平等」、あるいは3章で述べたように、「形式的平等」と「実質的平等」と表現することもできるかもしれない。ラガーマンのように体の大きい大人にも、4～5歳児にも、おにぎり1個ずつを配ってよしとする量的平等（＝形式的平等）の世界に私たちは甘んじていないか。それが、わかりやすいからである。ただし、公正の原理にしたがって質的平等（＝実質的平等）を実現することは、簡単ではない。量的な平等には、答えが一義的に定まっている（おにぎり1個ずつ）場合が多いが、質的な平等には「正解」があるわけではないからである。つまり、「何が公平か」を一律に決めることはできないため、その時々の状況に応じて、関係する人々がその都度合意形成を図っていかなければならないのである。

ここで述べた例を難しい言葉で言うと、「分配的正義」にかかわる問題ということができる。「どう分けるのがふさわしいか」を決めるのが正義（＝理屈）である。誰からも異論や不平不満が出てこないような分け方を見いだすこと。それは「言うは易く、行うは難し」なのである。

学力の問題に戻ろう。

今日、世界じゅうで、貧富の格差とその拡大が大きな社会問題となっている。背景にはグローバリゼーションという世界のトレンドがある。国際競争力を維持・向上させるためには、各国にとって国民の学力水準をあげることが不可欠な課題となる。しかしそれだけだと、学力の格差は拡大する一方となるため、それを抑止し、できるなら縮小させるための手立てをとる必要が生じてくる。具体的には、「しんどい層」（低所得層や移民・難民など）の学力を引き上げるための施策を考えなければならない。端的に言うなら、どの層をターゲットにして底上げのための人的・物的資源を投入するかが、重要な政策課題となってくるのである。これは、前記の分配的正義にかかわる問題だと言うことができる。

例えば貧困の子どもたち、あるいは外国からやってきた子どもたちのために、「ふつう」の日本人の子どもたちの予算をどのぐらい削るのが妥当なのか、それを考えなければならないからである。平等を旨としてきた日本の教育界において、公正原理によって特定のグループだけを取り出して「特別扱い」することは、長らくタブーとされてきた。戦後の歴史において唯一の例外と言えるのが、本章の4節でふれる「同和地区の子どもたち」に対する扱い、すなわち「同和教育」の取り組みである（苅谷 2001）。

20年以上前に、「ニューカマー」と呼ばれる新来の外国人の子どもたちの教育の実態を首都圏で調査し始めたとき、よく耳にしたのは、「外国人だからと言って特別扱いはできないですからね」という教師たちの言葉であった。あくまでも子どもたちは平等に扱うべきで、彼らをことさら取り出して特別扱いするのは「えこひいき」になる、というのがその教師たちの言い分であった。はたしてそうであろうか。彼らは明らかに日本語や日本文化にしたがって行動するという点においてハンディキャップを有していた。研究者としての私には、しかるべき特別な配慮が不可避だと思われたが、それは「えこひいき」と子どもたちや保護者には映るので難しいと、教師たちは言った。公正の考え方からすると当然あってしかるべき配慮や対応が、平等を損なうという観点から見送られているという実態があったのである（志水・清水 2001）。

端的に言うなら、形式的平等が尊重され、公正原理にもとづく実質的な平等は追求されていなかったのである。外国につながりのある子どもたちが、十分な支援を受けられないまま、日本の学校・学級で孤立し、苦悩する姿は、20年経った今でもあまり変わらないのではないかと思う。

形式的平等の観点から見た場合に否定されがちな行為である「特別扱い」は、公正原理にもとづいた場合にはあって当然のものとなる。例えば、私がかつて訪問したイギリスでは、学力がふるわない層の子どもたちをピックアップし、放課後や土曜日に「個人授業」が持たれていた。また、キリスト教以外の信仰を持つ移民たちに対して、朝会の時間等に自分たちの宗教で集まる権利が保障されたりしていた。日本でも、放課後残って特定の子どもの勉強を担任がサポートする場合もあるが、それはどちらかと言うと大っぴらにはされない類いのものである。特別扱いは、ないに越したことはないということなのだ。

3 公正と卓越性

次に、公正の考え方を、それと対をなす卓越性という原理との関連で再び検討しておくことにしたい。３章でも述べたように、子どもたちの学力という視点から見た場合には、卓越性は「水準の向上」、公正は「格差の縮小」を具体的には意味する。例えば、ブレア氏率いるイギリスの労働党政権下（１９９７〜２０１０）では、それが政府の公式見解とされ、格差縮小のための政策が大々的にとられたという経緯がある。

より一般的に言うなら、ある教育システムのパフォーマンスを評価する際に教育社会学の分野でよく用いられる対概念が、卓越性と公正である。卓越性とは、すぐれた部分を伸ばす、上を伸ばすことを意味する。私は大学に勤務しているが、大学あるいは大学院で追求されるべきは、まずこの卓越性である。卓越性の代表的な指標は、ノーベル賞であったり、スポーツの分野ではオリンピックの金メダルであったりする。高校レベルで言うなら、難関大学合格者数や部活動における全国大会での活躍といったものが、それに相当しよう。

一方、公正とは、どれだけ一人ひとりを大事にするか、個別のニーズに丹念に応えることができるかといった事柄にかかわるものである。とりわけ社会的にきびしい環境のもとにある子どもたちに、どれぐらい教育的成果を与えることができるかが、問われることになる。したがって、公正原理は、どちらかというと、小・中学校という義務教育機関で重視されなければならないものであろう。むろん、義務教育であっても卓越性は追求されるべきだし、大学にあっても公正は尊重されなければならない。

具体例で考えてみよう。私は、かつて少年サッカーのボランティアコーチ業に力を入れていた時期があった。ある時私は、地元の小学校のサッカーチームにおいて、末の息子の学年のヘッドコーチを任されたことがあった。チームには26人の子どもたちが在籍していた。私は、試合で結果を残すことも大事だが、それよりもすべての子どもがサッカーを楽しんで途中で辞めないことを目標に設定し、まわりのコーチたち、保護者たち、そして子どもたちとサッカー三昧の生活を送った。その結果、卒業までサッカーを続けた子が23人、塾通いもさかんな土地柄だったが、2チーム分以上の子どもたちを送り出すことができ、大きな手ごたえを得ることができた。成績的には、一度だけ市大会で優勝することができた。

私がこのようなこだわりを持ったのには理由がある。一つ上の学年が、対照的なカラーを有していたからである。同じぐらいの人数の子どもたちが最初は在籍していたが、レギュラーとそれ以外をはっきりと分けて扱う傾向が強く、最終的に残ったのは10人ほどであった。しかし、その学年は、チーム史上初の全国ベスト8という結果を残すことができ、また最もうまかった子はのちにプロサッカー選手（Jリーガー）となった。要するに、卓越性重視の上の学年を見て、私はそれとは対照的な公正重視の学年をつくろうとしたのだった。小学校の時には、結果より、サッカーを楽しむことの方が大事だと考えたからである。保護者の皆さんはそれにおおむね賛同してくれたが、チーム内では、上の学年が大きな結果を残しただけに、批判もなくはなかった。

その当時私が見ていた子どもたちは、すでに30歳を過ぎている。今どれぐらいの子がサッカーを続けているかはわからない。同時に、その一学年上の子どもたちがどうなっているかもよくわからない。どちらの指導の方がよかったのか、評価することは難しい。また実際に、その優劣は決められないのかもしれない。ただたしかなのは、私がその時点で、公正の視点が大事だと考えて子どもたちと接したことである。公式戦では難しかったが、練習試合に行ったら必ず参加した全員を出場させることを心がけた。どの子に対しても、工夫したプレーや伸びが見られる点については、しっかりとほめるように心がけた。自己満足にすぎないかもしれないが、そのやり方は間違っていなかったと思う。

いささか思い出話が長くなってしまった。話を学校教育に戻したい。

どこの国・地域においても、学校教育システムは、その内部に公正と卓越性の両方を内蔵していなければならない。本書の冒頭部分で、現代はメリトクラシー（業績主義）が支配する場であり、学校という制度がそのカギを握っているという話をした。業績社会とは、「ある人ができる（できた）こと」に最も価値を置く社会であり、学校こそが、一人ひとりのさまざまな能力を培う主要な場所だからである。端的に言って、学校では「できる」が問われる。その本質は、卓越性の原理に結びつきやすい。卓越性とは、「よりできるようになる」ベクトルの延長線上に達成されるものだから。

しかしながら、それだけにとどまってはいけない。卓越性だけの学校は、弱肉強食のジャングルとなってしまう。もう一つの要素「公正」が、そこにはなくてはならない。「誰もが大切にされること」「一人ひとりが自分の力に応じて活動を展開できること」「『できる子』と『できない子』がかかわり合うことで、お互いが学び合い、成長できること」「しんどい層が置き去りにされることをおかしいと思えること」、それらは、公正という考え方がしっかりと根づいてこそ実現される事柄である。

日本の学校では、平等を重んじる風土はあるが、前記のような意味での公正はまだ十分に実現されてはいないと、私は思う。

そうしたなかで、ここで言う公正の原理を愚直に追求してきた地域がある。それが大阪である。学校を舞台として、具体的にどのような取り組みが展開されてきたのかについて、次の4節では「同和教育」を、続く5節では「障害児教育」を取り上げて考察を加えてみることにしよう。

4 大阪の実践その1──同和教育

2章で私の恩師の思い出を振り返った際に、私が通ったのは大いに荒れた公立中学校だと書いた。時は1970年代前半。荒れの中心にいたのは、同和地区（かつての被差別部落）から通ってきている生徒たちであった。彼らは「徒党」を組み、独特の言葉遣いで話し、事あるごとに教師たちに敵対した。私はのちに、当時の市教育委員会が、同和地区を五つの部分に分け、生徒たちを五つの中学校に分散させて入学させていたという事実を知った。まとめて同じ中学校に通わせると、何が起こるかわからないという危機感からであろう。そうした社会の側の差別的な視線と処遇が、彼らを反学校的な存在にさせたに違いない。

関東や東北、あるいは沖縄の人々には、同和問題（あるいは部落問題）はピンと来ないかもしれない。日常生活のなかにそれが存在しない、もしくは見えないからである。しかし、関西人である私には、子どものころから被差別部落に対する忌避感やそこに住む人々への差別意識があることは肌感覚でわかっていた。そしてそれは、結婚差別や就職差別という形で、突然外に向かって噴出することがあった。

被差別部落出身の子どもたちは、終戦直後は長欠・不就学の当事者となり、高度経済成長期には荒れや低学力の主役となった。ある年代まで、４章でふれた教育問題のコアな部分に、実は彼らの存在があったことになる。部落差別の解消に向けた同和対策法が成立したのが、１９６９年のことである。そのころから、関西の教育現場で試みられた取り組みの総称が「同和教育」である。なお、実践者や研究者のなかには「同和」という官製用語の使用を嫌い、「解放教育」という語を掲げるグループもあった。

かつて私は、同和教育のエッセンスを整理して、四つの側面にまとめたことがある。それをここで紹介しておこう（志水　２０１８）。

①　生活指導面での「集団主義」あるいは「集団づくり」の原則
②　カリキュラム面での「部落問題学習」の展開
③　学力論としての「解放の学力」の概念
④　地域における「部落解放運動」という社会運動との連帯

まず①の「集団づくり」について。これは、「仲間づくり」とも呼ばれ、同和教育の主柱とも言えるものである。私が中学時代に経験したのも、まさにその実例であった。サッカー部のキャプテンだった私の隣の席には、いつもやんちゃな男子が配置されていた。「しんどい子」（＝家庭に課題があり、その結果生活面や学習面での課題を持つ子）をまわりの子が支える形をつくり、人間関係の質や集団の凝集性を高めていくことで、教育の成果をあげようとするのが集団づくりの考え方である。「しんどい子を中心とした学級づくり」というスローガンが、その精神を端的に表現している。こうした集団主義的な教育のあり方は、学校がそもそも持つ個人主義的な性質と鋭く対立する。ここで言う個人主義とは、テストは必ず個人で受け、評価も個人ベースでなされ、その報酬（成績や合格など）も当該個人にもたらされるといった、学校の常識を指す。

②の「部落問題学習」について。「差別の現実に深く学ぶ」ことをねらいに、部落差別の歴史や部落に生きる人々の暮らしを教材とし、演劇や歌や版画などの多様な方法を用いて、差別という現象に肉薄しようとした。総合的な学習の時間が学習指導要領に導入された2000年前後からは、さまざまなタイプの参加型学習や地域におけるフィールドワーク・聞き取りといった新たな手法を取り入れた「人権総合学習」が生み出された。こうした学習も、文字文化や抽象的原理・法則の獲得を旨とする学校知のあり方の明確なアンチテーゼとなっている。

③の「解放の学力」について。多くの人々は有名大学に合格することができる力を「確かな学力」だと考えるだろうが、同和教育を推進する立場の人々のなかにはそれを「受験の学力」と称し

て、否定的に捉える向きがあった。それに対置される「解放の学力」は、「差別を見抜き、差別に負けない、差別とたたかう力」などと謳われた。この考え方に関連して、1970～80年代にかけて大阪の一部自治体の中学校では、教職員組合の主導で、中3生全員が単一の地元公立高校に進学しようとする「地元集中受験運動」が盛り上がったこともあった。

最後の④「社会運動との連帯」について。これは、「教育と運動との結合」と表現されることもある。そもそも同和教育は、被差別部落の人々の異議申し立て（「私たちの子どもたちにもしっかりと教育を受けさせてほしい」）からスタートしたものである。その声を受けた学校・教職員が展開したのが同和実践であった。それが、ここで言う「教育と運動との結合」の内実である。「地域に根ざした学校づくり」を先取りした事例と言うこともできよう。

右で見てきたように、同和教育は、通常の学校文化のあり方を相対化するモーメントを濃厚に有していた。わかりやすく言うなら、「個々の子どもができるようになる」ことを中心的に組み立てられている学校のあり方を根本的に見直そうという志向性を、それは有していた。授業とは何か、学力とは何か、子ども同士のつながりはどうあるべきか、学校と地域との関係性はいかにあるべきか。同和教育は、学校というものについてのいくつもの根本的な問いかけのうえに成立したものだった。

2002年の同和対策法の打ち切り以降、日本政府の基本スタンスは、「同和（部落）問題はすでになくなった」というものである。それに振り分けられる人的・経済的資源は基本的にはゼロになった。しかしながら、問題は依然としてそこに残っている。大阪を中心とする関西の学校現場では、「人権教育」という新たな看板のもとに、時代に即したものに再構築しようという動きが継続中である（志水・島 2019）。

5 大阪の実践その2―障害児教育

同和教育、あるいはここではふれないが、同じく大阪を中心に展開されてきた在日韓国・朝鮮人教育の刺激を受けながら、独自の境地を切り拓いてきたのが大阪の障害児教育である。「共生共育論」とも呼ばれるその考え方と取り組みについて見てみよう。

障害のある子どもたちの教育については、対立する二つの考え方があると理解していただきたい。「共生共育論」と「発達保障論」である。後者から述べよう。発達保障論とは、障害のある子どもたちの特別な教育ニーズを見極め、それに適切に働きかけることによって、その子の身体的・精神的発達を促進していこうとする立場である。それ自体は正しいことだと思う。しかしながら、問題は、そのことを主として特別支援学校や通常の学校内での特別支援学級で行おうとする現在の「形」にある。共生共育論の立場の人は、それを分離教育だとして批判する。個人の発達を促すことはもちろん大切であるが、それが切り離された場でもっぱら行われると、子どもたちは特定の大人や子どもとしかかかわれなくなる。そのことの損失は決定的に大きいと考えるのである。

共生共育論の立場においては、障害児が健常児と生活の場をともにし、ともに育っていく過程を何よりも大切だと考える。「切り離さない」ということである。大阪では、市民と教職員組合がコラボして展開する運動のなかで、共生共育の取り組みが進んでいった。私は何度も大阪の小・中学校で、重度の知的障害のある子が介助員のサポートのもとに皆と一緒に授業を受けたり、車いすに乗った子を周囲の子どもたちが懸命に支えようとしている姿を見たことがある。皆と一緒に学校生活を送ることが基本で、個別の教育ニーズに応えるのは付加的に行うべきというのが、共生共育論の考え方である。

今の日本の障害児に対する教育は、特別支援教育と呼ばれるようになっている。私の見るところ、それは発達保障論に即して運営されている。しかし大阪では、そこに共生共育論的アプローチが組み込まれる形でハイブリッドな障害児教育が展開されていると見ることができる。私が強く感じるのは、共生共育的なあり方は、当事者である障害児はもとより、そのまわりにいる健常児たちにもポジティブな影響を与えるだろうということである。子どもたちは、さまざまな障害のある子が周囲にいること、必要な時にその子たちをサポートすること、その子たちともごくふつうにつきあえばよいこと等を当たり前に感じるようになるだろう。分離主義的な教育のもとでは、そういう感覚は育ちにくい。

高校段階においても、注目される取り組みがある。大阪の府立高校（２０２０年度では11校、１校当たり2～3名）には、「自立支援コース」というものがあるのだ。これは、知的障害のある生徒に対する特別枠である。その起源は、今から40年ほど前に、ある高校に設置された「準高生」枠である。同和教育がさかんだったある中学校の生徒たちが、障害のある仲間と同じ地元の高校に進学したいと声をあげたのである。保護者や市民や運動団体の働きかけの結果できたのが「準高生」というカテゴリーであった。障害のある当該の生徒は、その高校に正規の学籍はないけれども、仲間とともに高校の授業を受けられるようになったのであった（平野他 2019）。

ずいぶん前のことになるが、私は最初にその話を聞いた時、わが耳を疑った。恥ずかしながら、知的障害のある子が高校の通常の授業を受ける情景は、その時には想像できなかったのである。しかしその後、今の大学に勤務するようになり、自立支援コースを持ついくつかの高校とおつきあいするようになって、私はその意義を強く感じるようになった。

高校教育をめぐっては、「適格者主義」と「希望者全入主義」という二つの考え方がある。前者は、「高校教育を受けるにふさわしい能力を持つ者がそれを受けることができる」（実質的には、ペーパーテストを受け、受験にパスした者）とする考え、後者は、文字通り「希望すれば高校に行けるとすべき」という考えである。かつての私はどうしても前者の発想から抜け出すことができなかった。勉強が「できない」者は行ってもしようがないのでは、と素朴に考えていたのである。しかし、今は違う。高校は希望する者を全員受け入れるべきだと思っている。いかなる障害のある生徒についても、彼・彼女が希望すれば、門戸を開くべきである。彼らの教育を受ける権利を十分に保障すべきである。大きなコストがかかるかもしれないが、それは社会が支払うべき、最優先の経費であるとも思う。

「インクルーシブ教育」という言葉がある。1994年にユネスコが主催した国際会議で打ち出された理念（サラマンカ宣言）である。その理念は、端的に言うなら、「通常の学校にすべての子を受け入れること」である。文科省は、通常の学校と特別支援学校の2本立てでインクルーシブ教育を推進しようとしているが、サラマンカ宣言の精神によるとそれはおかしいということになる。現に、ヨーロッパのいくつかの国では、障害児対象の学校を廃止し、通常の学校に一本化しようという流れが進んでいると聞く。

大阪の人たちは、サラマンカ宣言といった国際的な文書や、インクルーシブ教育という今日的な教育理念が誕生するはるか前から、共生共育という日本語のもとで、実質的にはそれと同じ価値を持つ実践を始めていた。要するに、大阪が、世界のインクルーシブ教育の先端を行っていると考えることもできるのである。繰り返しになるが、大阪では、障害のある子も障害のない子と同じように尊重され、共通の場で生活を送り、自分なりの力を周囲の人たちとのかかわりのなかで伸ばしていく権利を持つという信念のもとに、実践が組み立てられてきた。そこには「公正」という語も出てこないが、公正の原理をまさに体現した取り組みであることはわかっていただけよう。すごいことだ、と私は思う。

6　学校文化の変革に向けて

大阪の事例を聞いて、皆さんはどのようにお感じになっただろうか。

貧困や差別のただ中にある被差別部落の子どもたち、さまざまなタイプの障害がある子どもたちを、大阪の教師たちは、他の子と変わりない学級の一員として処遇し、仲間関係のなかで彼らの成長を促そうとしてきた。日本の多くの地域の学校では、いまだに「特別扱い」はえこひいきとみなされ、避けられる傾向にあるが、大阪の学校では若干異なる空気が流れているように思う。すなわち、異なる背景や特質を持った子どもたちを「特別扱い」するのは当たり前、「みんな違ってみんないい」といった風土が、他地域の学校よりも強いと思われるのである（志水 2008）。

それこそ私は、大阪の学校を「ひいき目」に見ているのかもしれない。また、大阪の学校の現実はそんなにきれいなものではない、という反論ももちろんありえよう。それは認める。ただ私は、これまであちこちの学校を訪問させていただくなかで、大阪の学校のユニークさを感じることが多かった。それは、先に述べた同和教育や障害児教育の歴史・伝統がつくり出した学校文化、言い換えるなら公正原理を大切に考える社会派教師たちが生み出した学校文化が存在しているからではないかと思う。

大阪の経験は、日本のすべての学校をより公正なものにするうえでの重要なヒントを与えてくれているのである。

第7章　教師になる

1　身近な話から

大学に入学した当初は、私自身、中学校か高校の教師になりたいと思っていた。社会科を教え、サッカー部の顧問として生徒たちと真剣に渡り合う。そんなイメージを有していた。そのイメージは、中学校時代の恩師（生徒指導畑の、野球部顧問の社会科教師）にあったのかもしれない。あるいは、受験勉強に集中するために高1で部活を辞め、進学組に移ったことの「代償行為」としての側面があったかもしれない。

身のまわりに教員や公務員が全くいないファミリーに私は生まれ育った。したがって、身内にはロールモデルはいなかった。中学校・高校でさまざまな教員に出会い、喜怒哀楽に富んだ学校生活を送るなかで、私は徐々に「学校人間」になっていったと思う。一生懸命に勉強や部活に打ち込み、いろいろな仲間と学校生活を楽しんだ。学校は、自分を発揮し、周囲から認められ、手ごたえを感じることができた場所だったため、私は学校が好きになっていった。幸運だったと思う。悪い思い出、苦々しく思い返される出来事はほとんどない。

大学で、教育社会学という学問に出会い、私の人生は変わった。「もう少し勉強がしたい」と考えて大学院に進学したことをきっかけに、私は学校教師ではなく、大学の教員となるルートに入り、実際に職を得、今にいたっている。大学の教員ももちろん「教師」というカテゴリーのなかに入るが、私たちの仕事は、「教育」が第一というわけではない。伝統的な考え方では、「研究」が最も大事な仕事だと考えられている。そして今日では、「社会貢献」というものも大切だとみなされるようになってきている。要するに、現代に生きる大学教員は、「研究」「教育」「社会貢献」という三つの役割をバランスよく、なおかつ上手にこなさなければならない。これは、なかなかに難しいミッションである。

身近な話として、今ひとつ、私の次男の事例を書いておくことにしよう。

彼は、大学を出たあと、ある企業に就職した。しかし1年半ほどで彼はその会社を辞めた。お金をかせぐことが主目的になる会社というものに人生を捧げることなんてできないと。そこから彼は、通信教育で2年ほどかけて教員免許を取得した。私たち夫婦（要するに、彼にとっての両親）から「教師に向いている」と子どものころから言われ続けたことが、その選択の後押しになったに違いない。私の妻は元高校教員である。私たちが「教師に向いている」と考えた主な理由は二つだった。一つは、きわめて社交的で、明るい性格であること。二つめは、小・中学校のころ勉強面で大変な苦労をしたために、彼なら「できない子」の苦労がよくわかるはずだと考えたこと。彼が4～5歳のころ、私の在外研究のために、うちの家族は丸二年間イギリスの地方都市で生活した。当時彼は完全なバイリンガルとなったが、帰国後すぐに日本の小学校に入学してから彼の「苦行」が始まった。英語で初期化された彼の頭には、日本語が文字としてなかなか入って来なかったのである。書き言葉として英語・日本語のどちらもが定着しなかった小・中学校時代、彼の成績は「低空飛行」だった。その後大変な努力と苦労を重ねて、大学に合格することができたのだった。

彼は、無事教員採用試験に合格し、地元の小学校に勤務するようになった。その学校は、「同推校」（同和教育推進校）としての実践の蓄積・伝統がある、とてもすばらしい学校であった。新任教員は初任校にだいたい3年から6年つとめたあと、次の学校に転任することがその地ではルールになっている。彼は着任6年目に、念願の6年生担任となった。そして、その6年生たちを無事卒業させたのち、スパッと教職を辞めたのであった。本当にやりたいことがほかにある、と言って。

現在30代前半の彼は、フリーの「ランナー」をやっている。日本じゅう、世界じゅうの人たちと友だちになって、明るい社会をつくっていきたいというのが彼の夢である。収入は安定しないが、楽しそうにあちこちを飛び回っている。メディアにも時々出るようになった。

思い出を一つだけ書いておこう。ある時、彼は言った。「子どもや保護者への対応が大変だと言うが、サラリーマン時代のお客様対応に比べたら、その苦労は100分の1ぐらいだ」と。なるほどな、と思った。いろいろと言っても、やはり学校は、弱肉強食のジャングルのような外の世界に比べると、ある種の保護された空間なのだろう。彼の選択を「もったいない」という周囲の人は多かった。しかし私たち夫婦は、「やめろ」とは言わなかった（言いたい気持ちもあったけれど）。相手は、いい大人。やりたいようにやるのが一番。何しろ自分の人生なのだから。今後彼のプロジェクトがどのように進んでいくのかは、誰にもわからない。

教師になる人、ならない人、なっても辞める人。いろいろな人がいる。本章では、「教師になる」をテーマとして、いくつかのトピックについて考察しておきたい。

2　誰が教師になるのか

皆さんご存じの明治の文豪・夏目漱石作の「坊っちゃん」、それに島崎藤村作の「破戒」は、学校教師を主人公とした小説である。偶然だが、いずれも刊行年は1906年（明治39年）で、書かれてからもう100年以上が経ったことになる。「坊っちゃん」は、東京の物理学校（今の東京理科大学）を出て、松山の旧制中学校に赴任した士族出身の教師を主人公とする「学園もの」である。一方「破戒」は、瀬川丑松という、長野県の被差別部落出身の小学校教師が自らの出自を告白する（＝破戒）ことを軸とした物語である。当たり前と言えば当たり前であるが、すでに100年以上前の明治期において、エリート教師とたたきあげ教師の両方が日本の学校にはいたことになる。

とは言うものの、全体として見るなら、少なくとも戦前から戦後のある時期までは、教師は、町なり村なりの「名士」、あるいは代表的な「知識人」とみなされていたはずである。明治以降の立身出世主義のもとで、高い学力を身につけた層は都会に出て行き、官公庁や大企業に就職した。他方で、家を継がなければならない長男、あるいはそれに代わる二・三男のかなりの部分が地元で学校教師（あるいは公務員）になったはずである。

高度経済成長期を迎え、教師という仕事に就く人々は、企業で働く人々と並んでミドルクラス（中産階級）の代表格とみなされるようになった。彼らのことを、社会学的には「ニューミドルクラス」と言ったりする。それに対比されるのが、自営業・農業などの「オールドミドルクラス」である。要するに、ニューミドルクラスとは、ネクタイをする仕事、主として頭脳労働に従事する人たちのことである。

海外の教育社会学的研究においては、教師を、ミドルクラス的背景を持つ存在として捉え、ワーキングクラス（労働者階級）的背景を持つ生徒たちとの対立や葛藤をテーマとしたものが驚くほど多い。かつて「階級社会」の代表と目されたイギリスでは、特にその傾向が顕著である。私がイギリスで暮らしたのは1990年代前半であるが、そのころでも階級社会の面影は色濃く残っていた。私はある中学校で参与観察調査を行っていたのであるが、その中学校には両方の階級に属する子どもたちが通っていた。校区の西側からはミドルクラスの子どもたちが、東側からはワーキングクラスの子どもたちが。私は決して英語が堪能だったわけではない。そんな私のような日本人が聞いても、しゃべる英語の違いによってその子が東側から来たのか、西側から来たのかがわかるほどであった。制服の着こなしが違うし、話題も違っていたように思う。

対する教師たちのなかには移民や外国人がチラホラいたが、マジョリティはミドルクラスの白人イギリス人であり、東側からの子どもたちとの文化的差異は明らかであった。それが原因でのトラブルやいさかいは日常茶飯事だった。

しかし、日本でも教師の「階層的偏り」はかなりのものであると思うことがあった。右のエピソードと相前後する時期のことである。私はある町の教師たちの住所を分析したことがある。今ではありえない話であるが、当時は、どこの地域でも学校教師の分厚い住所録が発刊されていた。ともかくその住所録を分析したのである。その町はかつて工業の町として栄えたところであった。ワーキングクラス的な色彩が強い町ということである。臨海部にあたる町の南半分に工場や商店が集中し、それに比較すると北部は住宅地的な色彩が強かった。さらにその町に隣接するいくつかの市は、より住みやすい落ち着いた町として評価が高かった。

分析の結果、「しんどい」学校の多い南部に居住する教師はほとんどいないことがわかった。北部に住む教師が過半数で、市外から通う教師もかなりいるという結果が出てきたのである。そしてその傾向は、管理職（校長・教頭）になると、一層際立ち、南部に住む者はおらず、かなりの部分（過半数）が市外に家を構えているという事実が判明したのであった。仕事としては多くの課題を持つ子どもたちと一生懸命かかわるが、プライベートは別。自分の子どもには、別の町で教育を受けさせたい、という教師たちの本音を物語る結果となったのであった（志水・徳田 1991）。

私はイギリスで暮らした二年間の前後の時期（１９８０年代半ば～90年代半ば）は教員養成大学で勤務していたが、そこでかかわった大学生たちはおおむね恵まれた家庭（＝ミドルクラス）に生まれ育った若者たちであった。すこぶるまじめで、教師の言うことをよく聞いた。たしかな数字ではないが、およそ半分ぐらいは、父親か母親、あるいは双方が学校教師だったのではないだろうか。要するに、「2世」（たまに「3世」）の比率がかなり高かったのである。その大学には、「二部」（夜間部）があって、その学生たちのバックグラウンドは昼間の学生たちとは異なり、多様性に富んだものであった。大工の息子がいれば、シングルマザーの娘もいた。もちろん彼らの勉学に対するモチベーションは、昼間の学生たちのそれよりもさらに高いものだったことがなつかしく思い出される。幸いなことに、その夜間部は現在もある。

つい最近、次のような相談を受けた。相談者は、私立高校に勤務して2年目になる社会科教師であった。社会科教材について学問的に追究したいので大学院進学を考えているのだが、どうだろうと。私は、昔高校で国語を教えていた妻に意見を求めた。「逃げてるんじゃないの」、きびしい返事が返ってきた。その若い教師は、地域でトップの進学校から、日本でも有数の女子大に進み、そして教師として就職。その高校はあまり偏差値の高くない学校であったため、彼女には未知との遭遇だったようだ。相談には、「学習意欲のない生徒たち」「工夫しているが、成り立たない授業」、初めて体験する苦労・挫折が綴られていた。私も、妻と同感だった。「しんどいかもしれないけれど、今辞めたら逃げたことになる。そうではなく、その職場で納得できる仕事を一つやったのちに、改めて大学院進学を考えてもよいのでは」、そう答えた。「エリートコース」を歩んできた彼女には、その高校で出会う生徒たちは「異文化」そのものだったに違いない。彼女は今、考え直して日々の社会科の授業、生徒たちとのかかわりに頑張っているようである。

教師はなぜ、主としてミドルクラスから輩出されるのか。答えは簡単である。ミドルクラスでないと、教職課程を大学でとり、教員採用試験に合格することが難しいからである。勉強が好きで、なおかつ成績がよくないと、教師にはほぼなれないのである。

3　諸外国との比較から

次に、日本の教師は、諸外国の教師と比べてどのような特徴を有しているかという点について考えてみることにしよう。まずは、職務の内容について。

日本の教師は、何でもこなさなければならない。それが第一の特徴だと思う。英語で表現すると、日本の教師はジェネラリストだということである。それに対して、諸外国の教師はスペシャリストである。日本とイギリスの中等学校の比較が私の博士論文だった（志水 2002）。その論文の重要なキーワードが「指導」であった。イギリスの教師たちは「教えること」に専念する者が多かった。また一群の教師は、「パストラルケア」（日本で言うなら「生徒指導」）に主として従事していた。そして、進路（進学や就職）の専門家も存在していた。それに対して日本では、「学習指導」「生徒指導」「進路指導」という言葉が頻繁に用いられ、担任を中心とする個々の教師がそれをを満遍なくこなすことが期待されていた。およそ「指導」という言葉がつけば、教師は何でもやるものとされた。給食指導、清掃指導、校門指導など、諸々のことが指導の対象となっていた。

アジアの国々では、日本に近い教員文化があるだろうと予想される方もおられるかもしれない。しかし私の知るかぎり、中国でも、韓国でも、そのほかの国でも、日本のようにジェネラリスト的な（何でも屋的な）教師はいない。職務内容は、もっとクリアに線引きされている。日本のように、教師の仕事が無限定的な国は、おそらくほかには存在しないのではないだろうか。

ＴＡＬＩＳ（タリス）と呼ばれる国際調査がある。ＯＥＣＤが実施しているもので、「国際教員指導環境調査」が正式名称である。２章でも述べたことであるが、２０１８年に実施された調査において、日本の小中学校教員の1週間あたりの仕事時間が最長であることが明らかになった（国立教育政策研究所２０１９）。小学校の平均時間は54・4時間、中学校は56・0時間。調査に参加した63の国・地域の中学校教師の平均は38・3時間である。日本の教師は、他の国の教師の１・5倍ほど長い時間仕事をしているという結果である。計算すると、一日あたり11・2時間になる。この結果は非常に問題視され、国際機関からの勧告などもあり、教職員の働き方改革が今日の教育界の改善すべき大きな課題の一つとなるにいたっている。

次に、学校教師の社会的ステータスについて。右に述べた長時間労働の問題や次節でふれるような現代的問題が指摘されるようになっているが、少なくともこれまでの日本では、教師という仕事は「安定して、そこそこ収入がよい仕事」だとされてきた。諸外国でも似たようなものだろうと思われる方がいると思うが、そうではないということをここでは指摘しておきたい。

かつて私がイギリスで暮らしていたころ、学校はサッチャー（当時の首相）教育改革の影響で揺れに揺れていた。そのなかで、私の調査校で親しくしていた体育の男性教師は、地元のプロサッカークラブから声がかかり、そのクラブの育成コーチに転身した。また、若い美術の女性教師は、演劇の道に進むと言って学校を去っていった。ずいぶん簡単に職を変えるんだなあ、と思ったものである（先に述べた自分の息子のケースはさておき）。

今から十年ちょっと前、同じくOECDが実施したPISA（国際学力調査）において、フィンランドの子どもたちの学力が世界一だという結果が明らかになったころ、二度ほど調査で現地に行ったことがある。フィンランドの高成績の秘密の一つは、教師には修士の学歴が必須とされていることだと、日本では評判になった。教師の力量の高さが子どもたちの高い成績を導いている、と主張されていたのである。しかしながら、現地に行ってみて、日本のなかでの論調とのギャップにびっくりした経験がある。たしかにフィンランドの教師たちは修士号を有していたが、生活は決して楽ではなく、多くの教師がアルバイトで付加的な収入を得ていたのである。というのも、フィンランドでは、日本の非常勤教員のように、授業の持ち時間に応じて給与が支払われていたようなのである。授業が終わると、たとえそれが午後2時であっても、彼らは帰宅することができた。そのあとで、さまざまなアルバイトに従事することができたというわけである。ちなみに、中国においても、公立学校の教師はふつうにアルバイトができるようだ。

このように、諸外国では、教職は他の仕事と互換的に考えられているようなふしがある。それに対して日本では、教職がある意味、他の仕事から切り離されて存在している感がある。私の息子のような事例はきわめて例外的で、教職に就いたらそれは一生の仕事というニュアンスが、良くも悪くもついてまわる。教師の仕事は「浮世離れ」していて「つぶしがきかない」といった印象を持つ人々も多いだろう。もちろんこれだけ長時間働いていれば、しかも土日も部活などで実質的に働いているようなものだから、学校現場にどっぷり浸かるしかない。結果的に、他の世界へ目配りしている余裕はほとんどなく、教師は教師としてキャリアを重ねていかざるを得ないとも言いうる。

アメリカにTeach for America（以下、ＴＡ）という団体がある。聞いたことがある、という方もおられるかもしれない。ＴＡは教育関係のＮＰＯで、アメリカの名門大学を卒業した学生たちを、二年間全米各地の教育困難地域の学校に送り込み、教師として活動させるというプログラムを展開している。ＴＡでの二年間を終えた者は、その段階で新たな進路を見つける。一流企業に就職する者が多いが、一部の学生は教職にとどまると言う。大学生の「就職」先ランキングで、ＴＡはかなり上位の人気を誇っていると言う。

そのコンセプトは、卓越性の高い大学で教育を受けたフレッシュな人材を、公正の原理が機能しなくては過ごしていけない「現場」に送り込み、本人と現場の双方にメリットをもたらそうというものである。卓抜なアイディアだと思う。二年間のしんどい地域での経験を高く評価する一流企業がアメリカにはたくさんあるということにも、感心させられる。その考えを日本に持ち込み、Teach for Japanという組織を立ち上げた30代の人に私は会ったことがある。彼は、志の高い人間だった。しかし彼は、関西の一部地域を除けば、彼のもとでトレーニングを受けた新卒の教師が公立学校で勤務することを、教育委員会がなかなか認めてくれないという不満をもらした。要するに、日本ではＴＡ的な発想が広がっていかないというのである。社会と教職との間の「見えないカベ」を物語るエピソードである。

4　教員不足？

日本の教育委員会は、ＴＡ的な人材をなかなか受け入れようとしない。さまざまな理由が考えられるが、まずは制度的な障壁が考えられる。役所の規則主義・前例主義である。それとともに、「毛色の変わった人材」を放り込むと現場でどんなトラブル・問題が起こるかわからないという、不安感がそこにはあるだろう。教育の場は保守的であり、変化を好まない。

そもそも教育というものは、子どもを育てるということだから、保守的な性質を有していると、私自身も思う。あまりやり方をコロコロ変えるのも望ましくないと感じる。教育に「変わる部分」と「変わらない部分」があるとすれば、後者の方が大きくて、前者はせいぜい2割ぐらいではないだろうか。しかしながら、そのことは、学校のあり方を時代に即して変えていく必要などないということを意味するものではない。

近年、教職を志す若者の数が減ってきている。これは大問題である。教育こそが社会の存続と発展をもたらす基盤であり、それを家庭とともに実質的に担うのが学校だからである。今日、その社会が大きく変貌を遂げつつある。そのなかで、家庭のあり方自体も大きく変化しつつある。それを取り巻く地域社会や情報環境にしても同様である。学校のみがそれについていっていない、と言わざるを得ない状況にある。教員希望者の減少という課題の背景には、そうした事情がある。

図７－１をご覧いただきたい。これは、１９７０年以降の、教員採用試験受験者数、採用者数、

（図７－１）　受験者数・採用者数・競争倍率の推移

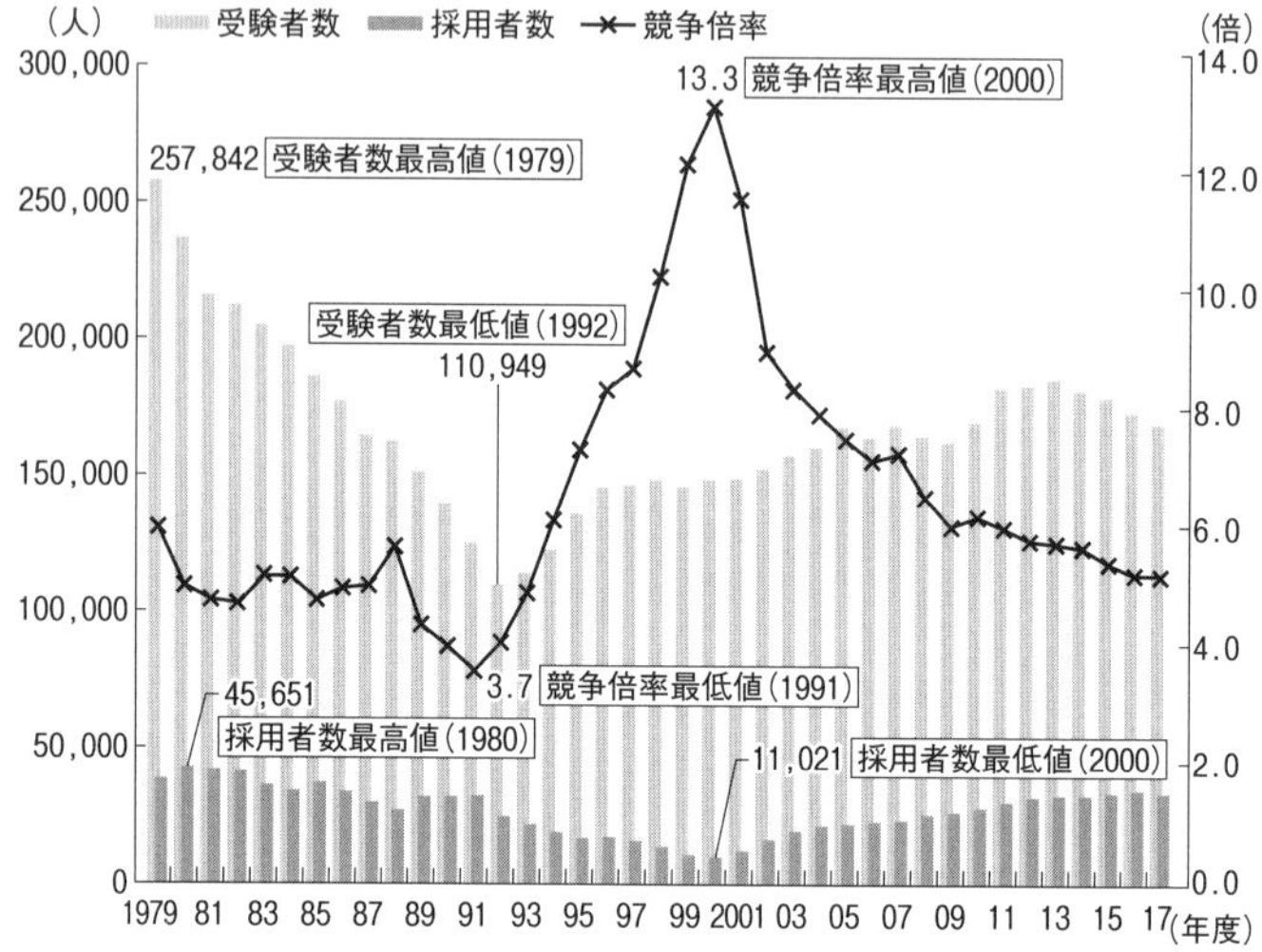

（出典）藤田（2019）、176頁

競争倍率の変化を見たものである。黒い棒グラフは採用者数を表しているが、１９８０年をピークにして（約4万5千人）、90年ぐらいまで多いことがわかる。これは、第二次ベビーブーム世代が就学期に入ったためである。それから減少を始め、２０００年の採用数が史上最低値（約1万1千人）となった。そして、大量採用時代の教員が定年退職を迎える２０１０年代には、採用数が再び増加傾向にある。それに対して、灰色の棒グラフは受験者数を表している。２０００年代以降は、15万人前後で推移していることがわかる。

　その二つの数値から算出されるのが、折れ線で示した競争倍率である。急なピークをなしている２０００年には、その値は13・３倍に達している。きわめて狭き門と言えるだろう。この時期、大量採用時代の教員が50代に入るようになり、若い人たちが教職に就くチャンスはきわめて小さいものとなったのである。しかしそれ以降、倍率は低落する一方である。最新の2017年の値は、5倍強となっている。これを校種別で見ると、小学校が3・5倍、中学校が7・4倍、高校が7・1倍となっている（藤田 2017、177頁）。中学校・高校が7倍以上の数値になっているのは依然として高いと言いうるが、小学校が3・5倍にまで落ちているのは気になるところである。なぜなら、教育社会学の通説として、それが何の人材選抜であるかにかかわらず、競争倍率が3倍を切ると一気に人材の質が低下すると言われているからである。

また、この競争倍率には、かなり大きな地域差がある。高い方では、鹿児島県10・0倍、沖縄県9・7倍、福島県8・2倍、秋田県7・1倍などが目立っている。逆に低い方では、富山県3・4倍、広島県・茨城県の3・8倍などの数値が目を引く。2018年には、広島県や島根県の中学校で一部の教科の授業ができない事態が生じたと言う。2019年には富山県の小中学校で大幅な教員不足が生じ、始業式の日に担任の発表ができない等の事態となったとのことである（教育開発研究所 2019、42頁）。

こうした事態が生じるのは、正規教員の数が足りないからというわけではない。そうではなくて、主な理由は「講師」と呼ばれる非正規教員（彼らは一年任期で雇用される）の数が減っていることによる。「講師」のなり手は、大きく分けて2タイプである。一つは、教員採用試験浪人中の、若い「教師予備軍」たちである。彼らが、講師のマジョリティを占める。そしてもう一つは、子育て中や子育てが終わった女性で、フルタイムの教員は難しいが、パートタイムで教職に携わりたいと考えている人たちである。問題は、こうした講師へのなり手が減ってきているという点である。彼らは、通常の非正規雇用の労働者と同様に、「雇用調整弁」となっている。どの自治体でも正規教員で埋まらない部分を非正規教員（講師）で調整するわけだが、その計算が合わないと、先に述べたような事態が生じてしまうのである。

教師が足りないという事態は、かつての日本ではありえなかった。教師はよい職業であり、人気は高く、志願者には事欠かない状況が続いていた。しかし、教職に対する社会的不人気が強まっている。つまり、教師になるための競争倍率が低下してきているだけでなく、「浪人」する者の数も減ってきているのである。

それだけではない。管理職のなり手がいない、という別の問題も深刻化しつつある。とりわけ私のホームグラウンドである大阪で、その傾向が顕著である。はっきり言うなら、橋下徹が大阪府知事になった時から、その問題が生じ始めたと言える。橋下氏は、競争主義・成果主義を積極的に学校現場に導入しようとする新自由主義的教育改革を推進した人物として知られている。２００８年に府知事になった氏は、２０１１年に大阪市長に転身した。そして、新自由主義的教育改革の「嵐」が最も強く吹き荒れたのが、その大阪市であった。

ほどなく大阪市では、管理職、とりわけ教頭のなり手が不足するという事態が顕在化することになった。当時管理職のサラリーは、橋下改革によって10％程度カットされるという状態が続いていた。管理職になったらさまざまな仕事は増え、責任は大きくなる一方なのに、給料は増えるどころか、逆に減る場合もある。誰が、そのような仕事を引き受けるだろう。とりわけ女性たちは、家庭との両立がより難しいという事情もあり、そのデメリットのゆえ、教頭になることに二の足を踏む傾向が強かった。現在、大阪市、あるいは大阪府内の自治体では、30代の教頭がたくさん誕生するようになっている。これまでの日本の公立学校はあまりに年功序列的な色彩が強かったから、かえってよいことかもしれない、と私は思う。

5　今だからこそ

学校には問題山積の状況がある。ここまで本書で述べてきた事柄を、ここで概括的に整理しておきたい。

右肩上がりだったころの日本社会では、社会にタガをはめるのが学校の役割であり、教師は権威を持った存在であった。しかし、１９９０年代から２０００年代にかけて日本社会は大きく変貌し、「平等社会」から「格差社会」と呼ばれるような社会的不平等やひずみが顕著に見られるようになってきた。人々の価値観は多様化し、新自由主義と称されるスタイルが教育の場を席巻するにいたって、学校・教師の権威は下落し、サービス産業化を余儀なくされる傾向が顕著になってきた。やがて学校は「ブラック企業」視すらされるようになり、教師になりたいと思う若者の数がどんどんと減っていく、そうした現実が目の前に現れている。

ここで改めて、5章でふれたペアレントクラシーの問題に戻ってみたい。ペアレントクラシーとは、保護者の所有する「富」と教育に対する「願望」が、子どもの将来を大きく左右するような社会の状態を指す。今日の日本は、そのペアレントクラシーへの道を突き進んでいると言わざるを得ない。日本の小中高校生のマジョリティは公立学校で学んでいるが、私立学校で学ぶ者の数も学校段階があがるにつれて増えていく。首都圏では、高校生の半分ほどが私学に通っていると言ってもよい状態となってきている。ことによると、恵まれた家庭に生まれ育った子どもたちとそうではない家庭の子どもたちの間に深い分断が生じ、それが公私の軸を中心とした学校の二極化構造に直接的に結びつき、両者の格差が加速度的に進行していくという恐ろしい未来図が現実のものとなっていくかもしれない。

そうしたシナリオの展開を抑止する方法があるだろうか。社会派教師の育成こそが、その第一の解決方法になると私は考えている。

ペアレントクラシーの背景にあるのは、メリトクラシーの原理であると5章で述べた。「能力」と「努力」で個人の人生が切り拓かれていく、というのがメリトクラシーの原理である。それは原則としては間違っていない。しかし、その「能力」や「努力」が、親の「富」や「願望」と緊密に結びついてしまっているのがペアレントクラシーの社会ということになる。すなわち、恵まれた家庭の子どもたちの方が、学校において発揮される能力も高いし、努力もする、という傾向が顕著になっているのである。

そうしたペアレントクラシー、言葉を換えるなら「行き過ぎたメリトクラシー」を是正するためにはどうすればよいだろう。教育の役割という側面から考えた場合、私には、二つの筋道が重要だと思われる。

一点目は、恵まれない家庭の子どもに、メリトクラシーの荒波を泳ぎ切る基礎的な泳力を身につけさせることである。適切な泳ぎ方（能力）と泳ぎ切る精神（努力）を学校教育のなかで獲得してもらうこと。二点目は、すべての子どもに、メリトクラシーというゲームのルールを、よりよいものにしていくような志向性を身につけさせることである。要するに、「『できる』ということだけが価値を持つのではない」、「一人ひとりの持ち味を生かして素敵な社会（学級、学校、地域など）をつくっていきたい」などといった気持ちや態度を持つ子どもを育てたいということである。言うまでもなく、これは、クラスやその他の仲間と学校生活を送る日々のプロセスのなかで育まれていくものである。

教師のなかには、一点目のみに集中して毎日の仕事をこなしている人もいるかもしれない。もちろん、それは大切なことである。しかし、現代社会において、より社会的に要請されているのは二点目の方ではないかと、感じるのである。それに注力するのが、私が言う「社会派教師」である。教師の仕事は、今日明らかにその難しさが強まっている。だからこそ、教師になってほしい（すでに教師になっている方々に対しては、よりよい教師になってほしい）と考えるのである。

やや肩に力が入ってしまったが、本章の最後に私の気持ちをざっくばらんにお伝えしておきたい。

大学の教師として感じるのは、この仕事の醍醐味は「学生の成長に立ち会える」という点にあるということである。大学での4年間を通じて、学生たちは大きく変わっていく。卒業式を迎えた時、これから社会の荒波に立ち向かっていく彼らに「幸あれ」と強く思う。小中高校の先生方も、同じ気持ちであると思う。子育ても同じかと思うが、「人の成長に立ち会える」ことは本当に感動的なことである。「はまって」しまうと、なかなか抜けられない。

教育は保守的なものだと先に述べた。「継続・継承」を旨とするということである。何を継承するのか。究極的には、「命のつながり」である。世代から世代へと、人間としての命をつないでいくこと。そのバトンの受け渡しの部分を受け持つのが、教育という営為である。学校のない世界では、それは地域社会と家庭のなかで営まれていた。現代では、学校がその大きな部分を受け持つようになっており、その任務にあたるのが教師である。

多くの仕事は、収入や労働条件、あるいは安定性や将来性といった要因で選択される。教師という仕事を選ぶうえで安定性という要因はかなり重視されるが、収入や労働条件といった要因が最初に来ることはない（学校が「ブラック企業」だと感じる人は、そもそも教師になろうなどとは思わない！）。では何が、希望動機の根底にあるのか。私の仮説であるが、教師の場合、それは「人とのつながり」というものになるのではないかと思う。「親が教師で、私も教師になりたいと思った」、「あの恩師のような教師になりたい」といった理由で教師を志す人がすこぶる多いというのが、私の観測である。そこに教職の特徴がにじみ出ていると感じる。

第8章　教師として成長する

本書の締めくくりにあたる本章では、「教師の成長」というテーマについて考えてみることにしたい。

1　教職の入口で

少し前になるが、大阪府内の自治体で新任教師がたくさん辞めていく実態が話題になったことがある。統計をたどることはできないが、学校現場で聞いたところでは、あっちでもこっちでもという印象であった。ある中学校では、数学の新任教師が大型連休に入るころに「不登校」になり、校長先生が何度か「家庭訪問」したが、状況は改善せず、ほどなく退職したと言う。不登校対応の家庭訪問は、通常生徒を対象に行うものである。

文部科学省の調査によると、２０１８年に新規採用された公立小中高校・特別支援学校の教諭のうち４３１人が1年以内に依願退職したと言う。比率で言うと、１・４％。約70人に1人の計算となる。理由は「自己都合」が最も多く２９９人、そのうち１０４人が精神疾患をあげたと言う。九州地区にしぼって言うと、福岡市の値がもっと高く3・3％。福岡県（福岡市・北九州市を除く）が2・5％。福岡市では約30人に1人が辞めた計算になる（西日本新聞、２０２０年1月8日朝刊）。一般企業では、3年以内に会社を辞める割合は3割程にも達すると言われることがある。それに比べると低い水準だとも言えるが、数十年前まではほとんど辞める新任教師などいなかったはずなので、離職する先生の数は着実に増えていると推測できる。

なぜ辞めるのか。簡単に言うと、「学校不適応」である。先の九州の例からもわかるように、福岡市という九州一の大都市で辞める教師の比率は高くなっている。授業がうまくいかない、生徒指導がうまくできないといった理由で心身の不調をきたすようになり、辞職していくのである。教師になるためには学校の勉強ができなくてはならない。中学・高校・大学ともっぱら勉強中心の生活を送ってきた新任教師のなかには、自分の生まれ育った環境とは全く異なる環境のもとにある公立学校に赴任し、生身の児童生徒たちとの「未知との遭遇」にショックを受ける者が続出するのである。たしかに、新任教師のなかには公立学校でやっていくのは難しいだろうと思われる人もいる。もしかしたら、ある意味、早く辞めた方が、その人のためにもいいし、児童生徒のためにもなるのではないかと思うこともある。

そうやって辞めていく人たちが一定数いるのはまだいいとして、なかには自らの命を絶ってしまう若い教師たちがいるのは、とても残念なことである。私もかなり身近なところで、数例そうしたケースに遭遇した。私が20代後半のころ調査活動で頻繁に出入りをしていた都市部の中学校に、農村出身のまじめな若い数学の教師がいた。教職について2年目を迎えたある日、彼は下宿で自らの命を絶った。その姿を最初に発見したのは、同じ下宿に住む同僚教師であった。発見した教師にとっては、その時に目にした光景は、死ぬまで目に焼きついて離れないだろう。亡くなった彼は、もの静かでまじめな青年であった。同僚たちの支えもたしかにあったはずだが、教師としての道に行き詰まって彼は死を選んだ。関係者にとって痛恨の出来事であった。

教職の入口で別の進路に切り替える人たちがいるのはまだよいとしても、自らの人生に終止符を打つ人が出てくるのは耐え難いことである。これまでにも、児童生徒との関係をうまくつくれず授業が成り立たない、あるいはあまりに過重な長時間労働で疲れ果て、精神疾患に陥っていくという状況はあった。昨今では、それに加えて学校教育に対してきびしい目を持つ保護者対応という新たな課題がある。

そうした時に、主要な防波堤になるのが、勤務する学校の教職員集団である。つらいことがあっても、職場の人間関係が良好で、グチを言い合ったり、フォローし合ったりできる関係性があれば、持ちこたえることができるだろう。逆にそれが冷たいものであったり、ギクシャクしたものであったりすれば、それ自体が個々の教師にとっての大きなストレスとなり、学校という職場のモラール（働こうという雰囲気）は悪化していくに違いない。

その意味において、２０１９年に神戸で起こった事件は衝撃的なものであった。いわゆる、「教師間いじめ」である。20代の男性教員が4人の中堅教員にひどい「いじめ」を受けたという事件である。私の出身地にほど近い神戸は、大好きな場所である。事件が起こった小学校にも、かつて二度ほど教員研修の場によんでもらったことがある。そこで、起きてはいけないことが起きてしまった。報道によると、その背景には管理職教員と一般教員とのあつれきがあったとのこと。あるいは市教委の教員異動についてのスタンス自体にも問題があるのではないかといったこともささやかれている。いずれにしても、いじめのない教室をつくるために働いている教師たちが、いじめにあふれた職員室をつくっていたというスキャンダルである。時代もとうとうここまで来てしまったか、と感じざるを得ない。

教師のバーンアウト（燃え尽き）が話題になったのは、今から20年ほど前のことである。そして今日、教師の働き方改革が大きな話題となっている。「多忙」と「徒労」は違うという話がある。教師は間違いなく多忙である。その多忙さが尋常ではないので、何とかしないといけないと「働き方改革」が叫ばれるようになった。もちろん、毎日のように夜10時、11時まで職場にいるという状態は改めなければならないと思うが、労働時間が減ればそれでＯＫということにはならない。「多忙」と「多忙感」は違う。物理的に多忙であっても、「多忙感」はあまり感じないという状況がある。活動が充実している時である。逆に、「多忙感」が募り、それが「徒労感」につながっていくことがある。それはおそらく、「これだけやっても報われない」「誰も何も声をかけてくれない」といった心もちになる時である。

要するに、私が言いたいのは次のことである。新任の教師がある学校に着任した時、そこには一つの教職員集団がある。その教職員集団のありようこそが、新任教師の運命を分けるということである。生かすも殺すも、その集団次第というところがあるのだ。

2　いかに成長するのか

教師が最初につとめる学校のことを「初任校」と言う。初任校でいかなる体験を積むか、どのような影響を受けるかで、教師としての基本が決まると言ってよい。社会学の基本概念に「社会化」がある。社会化とは、「その社会の文化、とりわけ価値・規範や生活習慣を身につけていく過程」を指す。人間にとって、生まれた家庭のなかで行われる社会化のことを「一次的社会化」、それ以外の場で展開される社会化を「二次的社会化」という。当然初期的に行われる一次的社会化の影響力はきわめて大きい。その考え方を応用してみよう。教師として成長していくプロセスを「職業的社会化」の過程と捉えるなら、初任校でなされる社会化は「一次的社会化」としての性質を持つと言うことができる。つまり、初任校において新任の者たちは、教師としての「型」をそこで獲得していくということである。

先にも述べたように、私の息子は、初任校で6年間つとめたあと、教師としてのキャリアを終えた。その小学校は、いわゆる「同推校」(同和教育推進校)であり、同和地区の子どもたちを中心とする「しんどい」家庭の子に寄り添い、彼らを中心とする学級・学校づくりを展開する伝統を有した学校である。私の目から見ても、教師たちのチームワークは抜群、関係者も含めた連携・協働のもとで子どもたちをともに育てていこうとする気風にあふれた学校文化を有している。そのもとで、息子は育った。というか、育てられた。その学校のカラーは彼のキャラにも合っていたのだろう、なかなかいい教師になってきたなあと思っていたら、スパッと教師を辞めてしまった。もったいないと言えばもったいないが、そこで培ったチームスピリットや仲間とともに一緒につくっていくという感覚は、新しい世界でも活かしてほしいと願う。

ところで、新任教師から見た場合、教員集団には「上の先生」「先輩」「仲間」という三つのサブグループが存在していると考えることができる。まず、管理職および教務主任・学年主任といった主任クラスなどの「上の先生」が存在する。そして、一般の教師だが年齢あるいは経験年数が上の「先輩」たちがいる。さらに、同期からなる「仲間」と呼べる人たちがいる（学校にかぎらず、ほぼすべての職場で上記のようなカテゴリーが存在するだろう）。新任の者たちは、それぞれのグループに属する教師たちの影響を受けながら、教師としてのキャリアを積んでいくことになる。

まず管理職の位置づけは重要である。なぜなら、管理職のカラーが、その学校の教員文化のありようを大きく規定するからだ。校長が変わったとたんに学校が変わってしまうというのは、よく聞く話である。すべての教師に、適切な所属感と役割意識・責任感を持ってもらうことが、管理職の重要な仕事だと思う。次に、先輩の果たす役割も大きい。いわゆる「ロールモデル」となるのが、同教科あるいは同学年に配置された先輩である。よい先輩がいることが、よい教師になる早道であることは間違いない。そして、仲間あるいはピアグループである。かつて現職教員の年齢分布の影響で新任教員の採用がかなり減少した時期があった。その結果、ある学校に赴任する新任の数はゼロか1人という場合が多かった。そこでは、新任は大切に扱われたであろうが、それゆえの課題もクローズアップされることになった。誰が考えても、仲間がいることの大切さ、ピアグループ内における相互影響関係の強さは、教師の成長にとって大事な要素であると思われる。

話は変わるが、ここにそのものズバリ『成長する教師─教師学へのいざない』という分厚い本がある。刊行されたのは2000年のことであり、このジャンルでは代表的な著作である。編者・執筆者の多くの専門は教育方法学や教育心理学であり、その内容は2章で論じた心理学中心の色彩がきわめて強いものとなっている。すなわち、この本は六つのパートから成り立っているが、前半の三つのパートのタイトルはそれぞれ「授業の力量をつける」「授業がみえる」「自分の授業から学ぶ」と、授業がうまくなることがすなわち教師の成長であるというタッチとなっている。それに対して、後半の三つのパートのタイトルは、「初任者の成長を支える」「仲間と共に成長する」「学び続ける教師」となっており、まさにこの章で述べていることと直接重なるものとなっている。しかし中身はやはり「教えること」「校内授業研」「教師の自己理解」など、授業や個人の内面的成長といったテーマをめぐるものとなっており、およそ「格差」「貧困」や「平等」「公正」といった用語は出てこない。

著者たちはこの本を通じて「教師学」なるものを構想しようとしている。「『教師であることとはどういうことなのか』『教師が成長するとはどういうことか』をさまざまな角度から問い直すことが教師学の礎を築くことになる」と主張する（浅田・生田・藤岡 2000、一－二頁）。その志はわかるが、「さまざまな角度から」というわりには、焦点があまりにミクロで、本書の主題である「社会派教師」の成長についての示唆は残念ながらほとんど得ることはできない。むろん、教師の第一の仕事は授業である。それは認める。しかし、混迷する社会の状況を目の当たりにしながら、それとは切り離されたところで「理想の授業」を追究するという営為は浮世離れしてはいないか。

世の中の学校がすべて、「名門の私立学校」や「大学付属の優良実践校」ならいざ知らず、今日の公立学校は社会のさまざまな矛盾や不合理が交差する現代社会の縮図となっている。「教師であること」や「教師の成長」を検討・構想する視点は、もっと幅広いものであってほしいと願う。

ここで、教育社会学における教師研究の代表的なものとして、今津孝次郎氏の著作をピックアップし、簡単に内容の紹介をしておこう。タイトルは、『教師が育つ条件』（岩波新書、２０１２年）である。氏は教職を、医師・看護師・カウンセラー・介護士・弁護士などと並ぶ「対人関係専門職」と捉える。子どもや保護者などに寄り添いながら、さまざまなニーズに応え、問題解決に向けた手立てを講じ、彼らの生活の充実に資することを目指す仕事であるということである。もちろん、そのためには、まず職場の同僚たちとの対人関係がうまく構築されなければならない。

氏は、図８－１で示したような「資質・能力の六層構造」というものを提唱している。Ａ～Ｆがその六つの層であり、ＡからＦに行くにしたがって「資質」としての側面が、逆にＦからＡにしたがって「能力」としての側面が強まる。この図式を使うと、先に紹介した本のテーマである「授業の力量」は、Ｂの「教科指導・生徒指導の知識・技能」の一部（半分）を構成すると位置づけることができるが、それは、教師に必要な資質・技能のいわば６分の１にすぎないということである。私も、この見方に賛成する。Ａの「問題解決の技能」、Ｃの「学級・学校のマネジメント能力」、Ｄの「子ども・保護者・同僚との対人関係力」などを身につけることが、Ｂの項目とともに教師の成長にとって不可欠な発達課題ということになる。

（図8－1） 教師の資質・能力の六層構造

資質と能力	内　容	外からの観察・評価	個別的・普遍的状況対応
能力	A 勤務校での問題解決と，課題達成の技能	易	個別的
	B 教科指導・生徒指導の知識・技術		
	C 学級・学校マネジメントの知識・技術		
	D 子ども・保護者・同僚との対人関係力		
	E 授業観・子ども観・教育観の練磨		
資質	F 教職自己成長に向けた探究心	難	普遍的

（出典）今津（2012）、64頁

3 「力のある学校」のスクールバスモデル

今から10年ほど前、私たちの研究グループでは、「力のある学校」のスクールバスモデルというものをつくった。図8‐2がそれである。

出発点は学力問題にあった。子どもたちの学力低下と呼ばれる現象の実体は「学力格差の拡大」にあることを見いだした私たちは、欧米の「効果のある学校」研究という流れを参考にし、日本の学校への適用を図った。「効果のある学校」とは、「教育的に不利な環境のもとにある子どもたちの学力を下支えしている学校」（鍋島 2003）のことである。その私たちの研究の到達点が、スクールバスモデルである。

「効果のある学校」（effective schools）は、何らかの学力テストの結果を分析して見いだされる「実態」概念であるのに対して、私たちがつくっ

（図8－2）「力のある学校」のスクールバスモデル

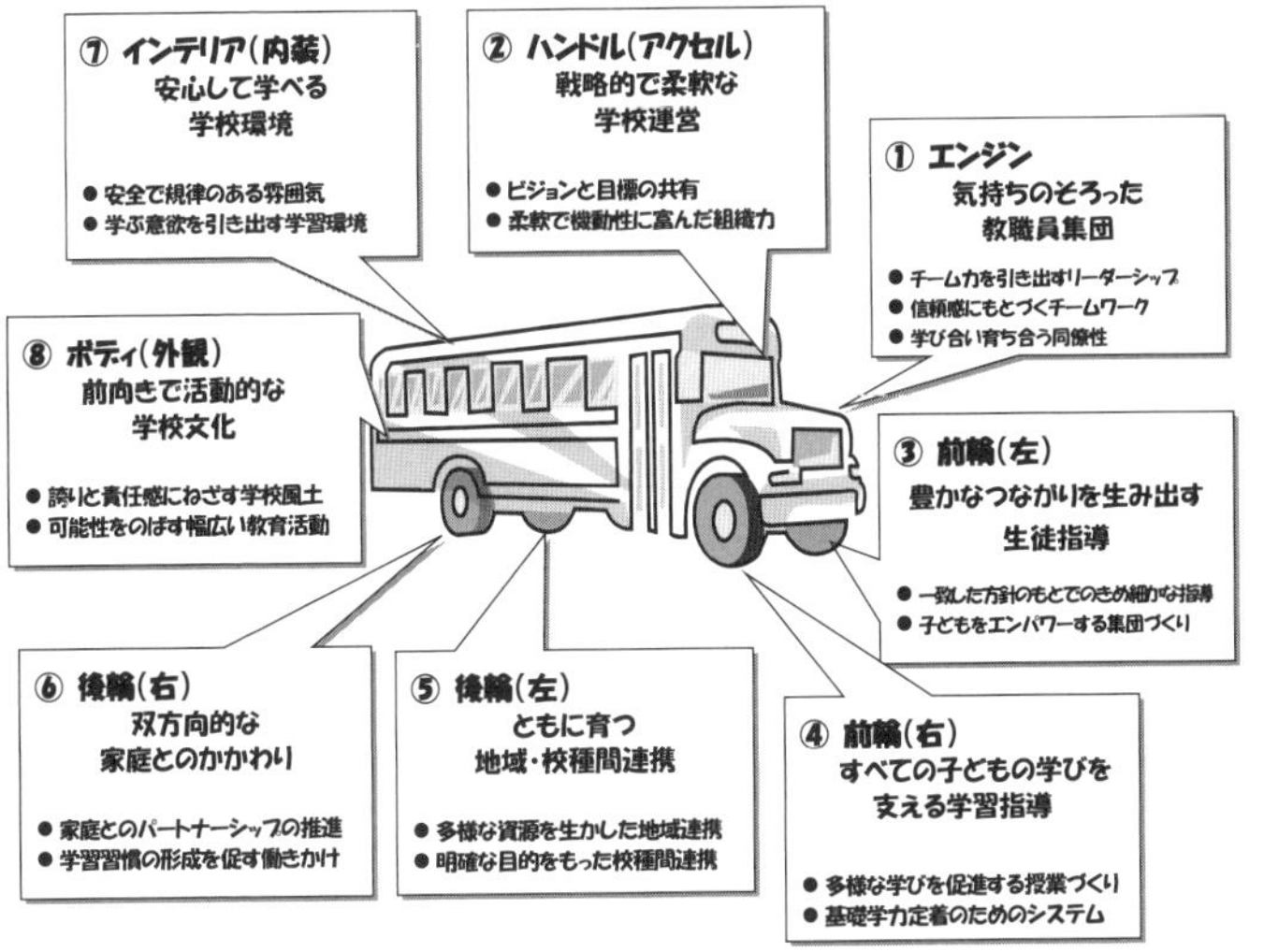

（出典）志水（2009b）、72頁

た「力のある学校」（empowering schools）という言葉は、「すべての子どもをエンパワーする学校」という意味を持つ、あるべき姿を追求する「規範」概念である。「エンパワー」という言葉にも注釈が必要であろう。人権教育のジャンルでよく使われる言葉で、「その人の内なる力に気づく（気づかせる）」ことを意味する。すべての子どもたちをエンパワーできる学校が「力のある学校」なのであり、そうした学校では自ずと「しんどい層」の基礎学力の水準も押し上げられているというのが、私たちの想定である。本書の用語を使うなら、「力のある学校」とは、「公正原理を大切に考え、一人ひとりの子どもへの適切な働きかけを欠かさない学校」ということになるだろう。

具体的には、2007年に大阪府で実施された大規模な学力実態調査のデータを分析し、「塾に行っていない層」の通過率（基準点を超える得点をとった子どもの比率）を「塾に行っている層」のそれと同水準にまで引き上げることに成功している学校を判定した。そのなかからよりすぐりの10校（小5校、中5校）を選び、一年間の訪問調査を行った。その後、関係者が集まり、各校の「成功」に寄与していると考えられる要因をすべて書き出し、整理していった結果出てきたのが図に示した8項目である。そしてその八つを、図式的にまとめたのがスクールバスモデルということになる。黒丸で示した合計で17の項目は、八つのメイン項目のサブカテゴリーである。このバスの姿をしばらく眺めていただきたい。

八つの項目があるが、実質的には2項目ずつがペアとなり、バスは四つのペア項目で成り立つことになる。①と②が、バスの運転・操縦にかかわる部分である。③と④の前輪が、「教育指導」のタイヤ。⑤と⑥の後輪が、「外部連携」のタイヤ。そして⑦と⑧が、学校の内装と外観、をそれぞれ表している。もともとは学力という切り口でスタートした研究であるが、「力のある学校」と呼べる学校では、授業（学習指導）にかかわる部分（④「すべての子どもの学びを支える学習指導」）は全体の8分の1の重みしか持たない、ということをわかっていただけよう。授業が重要ではないと言っているのではない。重要に決まっている。しかしながら、七つの要因が同時にうまく機能していないと、授業だけでは空回りしてしまい、十分な教育成果は導けないのである。このスクールバスの詳細については、志水（2009b）などの著作があるので、そちらをぜひご覧いただきたい。

ここで強調しておきたいのは、①「気持ちのそろった教職員集団」という項目の第一義性である。つまり、最も重要な項目が①であること、言い換えるなら、学校づくりの肝《キモ》は①にあるということである。この仕事をやっている時につくづく感じたのであるが、よい学校というのは必ず大人のベクトルや気持ちがそろった学校であった。それが成立していると、何をやってもほぼうまくいき、そして教師全員が成長を遂げる。逆に、そうでない状態の学校だと、何をやってもうまくいかず、教師たちの成長も止まってしまっているように見えるということだった。

裏話をするなら、このモデルをつくる際に選定した10の学校のうち、半数の５校が同推校であった。つまり、学力テストにおいて、塾に行けない子たち（＝しんどい層）の学力の下支えに成功している学校の多くが同推校だったということである（大阪府内の同推校の割合は約７％と聞く）。なぜか。それらの学校では、「しんどい層」に焦点を当てた学校づくりをしているからである。すなわち、公正の尊重が学校文化の核になっているのである。

若手の教育社会学者・中村瑛仁氏は、その著『〈しんどい学校〉の教員文化』（２０１９）のなかで、社会経済的にきびしい状態に置かれた家庭が多い学校（〈しんどい学校〉）に勤務する教師たちの仕事やアイデンティティについて考察を加えている。

教師たちのなかには、一時的に〈しんどい学校〉での勤務を経験したあと、いわゆる「ふつうの学校」に戻っていく者もあれば、〈しんどい学校〉を渡り歩くキャリアパターンをたどる者もいる。

後者のタイプの教師たちは、〈しんどい学校〉に固有の学校環境のなかで葛藤を繰り返しながら、子どもの家庭環境や同僚の実践を省察するなかで自身の教職アイデンティティを再構築していく。関係づくりができた子どもや保護者との関係、あるいはともに働く仲間との協働関係のなかで、自己の見方を鍛え、「社会的に不利な立場に置かれた子どもたちの包摂を志向する民主的アイデンティティが形成されていく」（中村 2019、231頁）と言う。なおここで言う民主的アイデンティティとは氏の用語で、「社会的不利層の包摂といった社会的公正が意識された教職アイデンティティ」のことである。また、「包摂」とは「排除」と対になる言葉で、「場に参加すること」「居場所があること」などを意味する言葉である。

私自身は、「公立中学校」にこだわって自分自身の研究を続けてきた経緯がある。これまで数多くの中学校を訪問し、さまざまな教師と出会ってきた。そのなかで、最も肌が合うというか、気が合う先生たちは、しんどい学校に勤務する教師たちである。本書の前半に記した私自身の中学校時代の経験が、その背景にあるのだろう。先生方はやんちゃな子たちを追いかけ回しながら、丹念に話しかけ、地道に関係づくりをして、彼らの指導に明け暮れていた。報われないことも多かっただろうし、悔しくつらい思いをしたことも幾度となくあったに違いない。しかし、生徒たちは親身になって働きかけてくる教師のことを知っている。彼らの「大人を見分ける力」はすごい。世話になった教師との関係は、一生続くことすらあるのだ。

しんどい学校の場合、教員たちの間に「運命共同体」的な関係や感覚が形成されやすい。一致した方針なくバラバラで動いていくと、子どもたちがその間隙をついて飛び出していったり、すり抜けていったりするからである。私たちの調査研究において、かつての同推校が「力のある学校」になりやすかったのは、そうした力学が働いたためだったのかもしれない。

4　道をきわめる──守破離の考え方

そろそろ本書全体の締めくくりをしなければならないところまでやってきた。

かつて聖職と呼ばれた教師の仕事。時代は移り変わり、以前は存在していた学校や教師の権威はゆらぎを見せ、代わって一人ひとりの教師が周囲の人々との関係を地道につくっていきながら、教育という営為をどうにかこうにか遂行していくという構図が支配的となってきている。そうしたなかで、本章で強調したのは、教師の成長に対する教師集団の果たす役割の大きさであった。同僚たちとの協働なく、また彼らからのサポートなく、教師が自らの職務を十二分に果たすことなど考えられない。集団あっての個人、個人あっての集団。勤務する学校の組織文化・教員文化のありようが、個々の教師の成長を支える。そして、個々の教師の日々の振る舞い・行動が、その学校の組織文化・教員文化を不断に更新し、さらに新たなものへと変容させていく。

ここで、教師の成長について、日本の伝統のなかにある「守破離」という考え方を適用して見ていくことにしたい。守破離とは、もともと日本の茶道や武道などにおける師弟関係のあり方であり、修業における過程を示したものである。最初に唱えたのは千利休だと言われている。「守」とは、

「存在する『型』を守って、繰り返し鍛錬するなかでその道の基本を獲得すること」である。「破」とは、「身につけた基本をもとにしながら、徐々に自分自身の工夫でその型を破っていくこと」である。そして「離」とは、「存在する型や教えから離れ、自分らしい新たな型を創り出すこと」である。本書の冒頭に、「師の資格は師を持つこと」という考え方をあげた。この考え方も実は、日本の芸道のなかに存在するものである。今から述べる守破離という三段階説も、同じ土壌から出てきた発想であると考えていただいてよいだろう。

さて、守破離のプロセスを具体的に紹介するために、私自身の例を引いて考えてみることにしよう。

私たち研究者の世界では、大学院時代が「守」の時期にあたると考えていただいてよいだろう。私自身、東京大学の教育学部の学部生だったころは、そんなに勉強熱心ではなかったと振り返って思う。ふつうの大学生であった。そして縁あって、大学院の門をたたくことになる。大学院に入って驚いたのは、まわりの先輩たちが、皆「暗そうなおっさん」に見えたことであった。もちろん女性もいたが、当時は数が少なかった。大学院というところが「くすんで」見えたのだった。これは、中1でサッカー部の練習に初めて参加した時に、中3の先輩たちが皆「でかい、ひげを生やしたおっさん」に見えたのと同じような心理的メカニズムだったのではないかと思う。いずれにしても、何だか「秘密結社」に入ったかのような第一印象だった。そこから修業の日々が始まった。

院生にとっての「守」は、外国語の本・論文を読む、レジュメをつくる、授業で報告する、研究会・読書会で議論する、学会発表する、投稿論文を出す、といった活動であった。見よう見まねで進めていき、博士課程に入るころには目鼻がついてきたという感じだった。そして私は、博士課程の2年目に2本の「投稿論文」を学術誌に掲載してもらうことができた。ここで「半人前」ぐらいにはなったかなという感慨を持つことができた。

研究者にとっての「破」の時期は、最初の職に就いてから若手研究者、そして中堅研究者と呼ばれるような時代が相当する。「准教授」年代とでも言おうか。おおよそ30代から40代にかけての時期である。私は、30歳になる前に教員養成大学で「講師」として雇ってもらい、イギリスでの在外研究の2年間を間にはさんで、30代後半に母校である東大に「学校臨床学」を担当する助教授として採用された。「一人前」になれたなと感じたのは、その時だったと思う。その後、40代前半で現在勤務している大阪大学に着任した。

そのプロセス全体が、私にとっての「破」の時期であった。大学院時代の研究室で得た、私にとっての最初の「型」は、アンケート調査や統計データを量的に扱う、「実証的」と呼ばれる研究方法であった。それに対して私は、30代から40代にかけて、「フィールドワーク」や「エスノグラフィ」といった言葉をキーワードとする「質的教育研究」の道を手探りで進めてきた。それが私にとっての「破」の試みだったと言える。

今の大学で40代後半から50代全体を過ごし、現在60歳となっている。職務上の要請もあり、50代の主な仕事は、同僚たち、さらには実践者たちとコラボしながら、人々の「共生」という課題について考えることとなった。今では、「共生学」なるものの構築の可能性を探求している。それは、もはや教育社会学という学問の範ちゅうを大きくはみだすものであり、周囲から見れば、志水は「離」を試みていると映っているに違いない。かく言う私自身も、そのように位置づけている。

駆け足で自分の歩みを振り返ってみたが、守破離という図式は非常にわかりやすく、自分のなかでも合点がいくものである。志水の場合は、大学を移ることと守破離の進展が対応していたのだな、と理解された方もおられよう。そうした側面もあるに違いない。ただし、それだけではないこともまたたしかである。

教師にとっても同様であろう。公立学校の教師は、地域や校種によって、5年とか10年とか違いがあるのだが、一定の期間で次の学校に異動することが決まっている。異動によって、勤務する学校が変わり、周囲の同僚の顔ぶれも一変する。その変化のなかで、教師たちは自分自身の守破離を経験していくことになる。異動だけではなく、ある子どもや保護者との出会い、管理職の教えや同僚のひとこと、あるいは日常を破る突発的な事件や出来事が、その教師の成長にとってきわめて大きな意味を持つこともある（イギリスの教育社会学では、そうした事柄を「決定的な出来事critical event」という英語で表現することもある）。

守破離という三段階を考えると、まず「守」の段階を経ることは決定的な意味を持つ。すなわち、何事も基本を習得しないと、先には進めないからである。そうしたなかで、何も教職に限ったことではないが、「守」の段階だけでそのキャリアのすべてを終えてしまう人もいるかもしれない。というのも、「破」には「自分なりの工夫」という、主体的・創造的モーメントが必要とされるからである。自分の殻を破るには、それ相応の努力がいる。そして次の「離」の段階へいたるためには、「破」の段階での多くの試行錯誤の積み重ねが不可欠である。「失敗は成功の母」とは、よく言ったものである。果敢なチャレンジ、失敗の積み重ねこそが、「自分なりの型」の創造になくてはならないということである。

日本の学校には、自分自身の型を持った素敵な、そしてすぐれた教師が山ほどいる。私が若いころ大変お世話になった校長先生がいた。「校長の仕事は玄関の掃除とお客さんにお茶を入れることでんねん」というのが、氏の口癖だった。たしかに、朝その学校を訪問すると、必ずと言っていいほどにこやかに掃除に励んでいるその校長先生の姿があった。しかしその一方で、すべての教職員そして生徒たちのハートを掌握し、かつて荒れまくった中学校を見事に再生させたのが、その校長先生であった。私にとっての「達人」教師の原点は、その校長先生にある。

5　社会派教師になろう！

3章であげた、「社会派教師」の六つの特徴をここで再掲しておこう。

①　尊敬できる師を持つこと
②　子どもが好きなこと
③　学び続ける意欲があること

④　公正原理を大事にすること
⑤　つながりの力を信じること
⑥　社会を変える志向性を持つこと

①から③はすべての教員にとって必要な資質であり、④から⑥が「社会派教師」に独自な特徴だと述べた。①から③については、「資質」という言葉で示したように、どこかで意識的に獲得していくものというよりは、その人にもともと備わっているものという側面が強い。それに対して、④から⑥は、明らかに「学習」によって、後天的に獲得されていくものである。

その「学習」の場として大事だと思われる最初の場所は「家庭」および「地域」である。その中には大別して二通りあるだろう。第一に、「公正」というものが大事な価値であると考えている保護者のもとで、あるいは公正が現に尊重されている環境のもとで育った人。第二に、逆に、社会には公正などないと感じてしまうような家庭あるいは近隣環境のもとで育った人。後者の人々は、自らの経験の裏返しとして、公正が尊重される社会の実現を願う場合が多くなるだろう。

第二の場は、「学校」である。とりわけ教師になる人にとっては、小中高での学校体験もさることながら、大学における教員養成課程での学習経験の意味がきわめて大きい。先にも述べたが、私たち教育社会学者は現行の教員養成カリキュラムは心理学的視点に偏りすぎており、社会学的視点に立つ科目や学習活動があまりにも少ないことに不満を感じている。もし社会学的な知識や学習体験を今少し得ることができていれば、「しんどい学校」に赴任した際の、新任教師たちのカルチャーショックは多少なりとも軽減されるに違いない。

そして、第三の場は、本章で強調してきた現任校の教員集団である。ＯＪＴ（on the job training）という言葉をご存じだろうか。それは、実地で仕事をしながら学んでいくことで、職場を離れて行う研修や講習会（off the job training）と区別される。よく指摘されるように、私自身は、教師の成長にとってより重要なのはＯＪＴの方だと思う。とりわけ初任校での経験が持つ意味は決定的である。その学校の教師たちが、「公正」という視点をもっているか、人間関係のつながりを重視した学級経営・学校づくりを実践しているか、子どもたちに「社会」を批判的な目でみつめ、自分たちの力でそれをよりよいものにしていこうとする態度や姿勢を獲得させようとしているか、それによって若い教師たちの育つ方向性が大きく違ってくるだろう。これまで何度も述べてきたように、大阪を中心とする関西一円に存在する「同推校」にはそういう教員文化の伝統があり、それはいまだに脈々と息づいている。私が提唱する「社会派教師」の直接のモデルは、実はそうした学校に勤務する教師たちである。その精神と実践を引き継いでいくことが、格差社会の超克につながる。私はそう考えている。

〈引用文献〉

朝倉景樹 1996『登校拒否のエスノグラフィー』彩流社
浅田匡・生田孝至・藤岡完治 2000『成長する教師―教師学へのいざない』金子書房
綾目広治 2015『教師像―文学に見る』新読書社
荒牧草平 2016『学歴の階層差はなぜ生まれるか』勁草書房
伊佐夏実 2019『学力を支える家族と子育て戦略―就学前後における大都市圏での追跡調査』明石書店
今津孝次郎 2012『教師が育つ条件』岩波新書
伊藤茂樹 1996「『心の問題』としてのいじめ問題」、日本教育社会学会『教育社会学研究』第59巻、東洋館出版社
内田樹 2009『下流志向―学ばない子どもたち 働かない若者たち』講談社文庫
岡部恒司・西村和雄・戸瀬信之 1999『分数ができない大学生』東洋経済新報社
苅谷剛彦 2001『階層化日本と教育危機―不平等再生産から意欲格差社会へ』有信堂
苅谷剛彦・志水宏吉・諸田裕子・清水睦美 2002『調査報告「学力低下」の実態』岩波ブックレット
吉川徹 2009『学歴分断社会』ちくま新書
教育開発研究所 2019『教育の最新事情がよくわかる本2020』
厚生労働省 2013『厚生労働白書2012年度版』
国立教育政策研究所 2019『TALIS2018報告書―学び続ける教員と校長』ぎょうせい
小林盾 2017『ライフスタイルの社会学』東京大学出版会

佐藤学　2015『専門家として教師を育てる－教師教育改革のグランドデザイン』岩波書店
佐藤学　1994「教師文化の構造－教育実践研究の立場から」、稲垣忠彦・久冨善之編『日本の教師文化』東京大学出版会
志水宏吉　2020『学力格差を克服する』ちくま新書
志水宏吉　2018「同和教育の変容と今日的意義－解放教育の視点から」、日本教育学会『教育学研究』85巻4号
志水宏吉　2013『「つながり格差」が学力格差を生む』亜紀書房
志水宏吉　2009a『全国学力テスト－その功罪を問う』岩波ブックレット
志水宏吉　2009b『「力のある学校」の探究』大阪大学出版会
志水宏吉　2008『高校を生きるニューカマー－大阪府立高校にみる教育支援』明石書店
志水宏吉　2002『学校文化の比較社会学－日本とイギリスの中等教育』東京大学出版会
志水宏吉・島善信　2019『未来を創る人権教育－大阪・松原発　学校と地域をつなぐ実践』明石書店
志水宏吉・清水睦美　2001『ニューカマーと教育－学校文化とエスニシティの葛藤をめぐって』明石書店
志水宏吉・鈴木勇　2012『学力政策の比較社会学　国際編－ＰＩＳＡは各国に何をもたらしたか』明石書店
志水宏吉・高田一宏　2016『マインド・ザ・ギャップ－現代日本の学力格差とその克服』大阪大学出版会
志水宏吉・徳田耕造　1991『よみがえれ公立中学－尼崎市立「南」中学校のエスノグラフィー』有信堂
橘木俊詔　2010『日本の教育格差』岩波文庫

土屋彰久　2004「過程の平等－遅れてきた第三の平等概念」、早稲田大学政治経済学部『早稲田政治経済学雑誌』No. 356
中央教育審議会　2015『これからの学校教育を担う教員の資質能力の向上について』文部科学省
中西啓喜　2017『学力格差拡大の社会学的研究－小中学生の追跡的学力調査結果が示すもの』東信堂
中村瑛仁　2019『〈しんどい学校〉の教員文化－社会的マイノリティの子どもと向き合う教員の仕事・アイデンティティ・キャリア』大阪大学出版会
鍋島祥郎　2003『効果のある学校－学力不平等を乗り越える教育』解放出版社
日本教育社会学会　2018『教育社会学事典』丸善出版
日本教育社会学会　1986『新教育社会学辞典』東洋館出版社
橋本健二　2013『「格差」の戦後史－階級社会日本の履歴書』河出ブックス
平野智之・伊藤あゆ・木村悠・中川泰輔　2019「社会とつながる『対話』をつくる」、志水他『未来を創る人権教育』明石書店
藤田晃之　2019『最新教育データブック－119のデータで読み解く教育』時事通信社
R・ブラウナー　1971『労働における疎外と自由』(佐藤慶幸他訳) 新泉社
部落解放・人権研究所　2001『部落解放・人権辞典』解放出版社
文部科学省　2019『文部科学統計要覧』平成30年度版
松岡亮二　2019『教育格差－階層・学歴・地域』ちくま新書
C・W・ミルズ　1965『社会学的想像力』(鈴木広訳) 紀伊國屋書店

森田洋司　１９９７『「不登校」現象の社会学』学文社
森田洋司・清永賢二　１９９４『いじめ－教室の病い』金子書房
M・ヤング　１９８２『メリトクラシー』（窪田鎮夫他訳）至誠堂選書
Lareau, A. 1989 Home Advantage : Social class and childrearing in black families and white families, Falmer Press.
若槻健・知念渉　２０１９『学力格差に向き合う学校－経年調査からみえてきた学力変化とその要因』明石書店

おわりに

この本を書く前に、私は学力格差をテーマにした二つの本をつくった。

一つめは、学力格差シリーズ4巻本（いずれも2019年、明石書店より出版）である。これは、5年間にわたる科研費による共同研究の成果をまとめたもの。

二つめは、『学力格差を克服する』というタイトルの新書（2020年、ちくま新書）。こちらは、これまで20年にわたる、私なりの学力格差研究の総まとめを試みたもの。前者は「チームワーク」の仕事で、後者は「個人技」として書いた。後者の新書についてだが、もちろん新書という媒体は読みやすさを追求するもので、純然たる「研究書」ではないが、学力格差研究の最先端を描き出したつもりである。

その新書の原稿を書くなかで、「研究書」的なものではなく、「一般書」的な本を書いてみたいと思うようになった。「学力格差の克服」は、「研究」のテーマであるが、同時に「実践」のテーマでもある。すなわち、学力格差克服のためには学校・教師の働きが決定的に重要であり、そこから「教師のあり方」を考える本を書きたいと思ったのである。教師という仕事に関心のある人たちをターゲットにした、読みやすい本をつくりたい、それが本書の執筆を思い立った動機である。

当初は、進路選択期にある中高生を対象にした本を書けないかなとも考えた。ただ、「教師になろう」ならいざ知らず、「社会派教師になろう」というテーマは中高生にとってはハードルが高すぎるのではという意見を知り合いからいただいた。その通りである。
そこで、学事出版に話を持ちかけてみた。社長の花岡さんは、私が大学院生の時からの古い知り合いである。花岡さんのアドバイスは、「若手教員、あるいはその予備軍としての大学生」を対象としたらどうだろうというものであった。そこで主な読者層をそこに定め、本書の原稿を執筆していくことにした。

執筆したのは、2020年の8月から9月にかけて。大学の夏休みの期間である。新型コロナの影響もあり、今年の夏休みは、例年よりも自由な時間があり、まとまった時間を執筆に振り分けることができた。

本書では、自分自身や身のまわりの人のエピソードをかなり多く盛り込んだ。まあいつもと言えば、いつもそういう傾向はあるのだが。私的なエピソードを押し出す書き方に批判的な人もいるが、私は次のように考えている。すなわち、「教育」はすぐれて個人的な事象であり、理屈だけを抽象的に論じていたのでは全く面白くないと。言い換えるなら、私的な体験を立脚点にしない教育に関する書き物は、空虚で、大きな力は持たないと思うのである。文章には、書き手の人柄や個性がにじみ出ていなければならない。教育に関するものはなおさらそうだと感じる。

社会派教師になる資質は、先天的なものではなく、後天的に、学校という職場で主に獲得されるものだという趣旨のことを本文で述べた。私が今も学校評議員をつとめる大阪府内のある小学校は、

20年前から今日にいたるまで、私が最も多く足を運んだ学校である。その学校は、同推校としての長い歴史を有し、大阪では「実践校」として知られた存在である。かつてその学校では、年度当初に合宿の研修会を持ち、一人ひとりの教師が前年度の自分の実践の総括を行い、新年度の方針を発表する機会を準備していた。その場には全教員が参加し、若手教員の中には感極まって涙をこぼしたり、絶句してしまったりする者もいた。会のあとで、中堅教員や管理職からの丁寧なケアやフォローがあったことは言うまでもない。そのきびしく、温かい「運命共同体」的な雰囲気のなかで、教師たちは社会派教師としての身のこなしを獲得していったのであった。形こそ変わっているが、その伝統は今日にいたるまで脈々と受け継がれている。

その合宿に何度か参加させてもらった経験が、本書を書いた一つのベースとなっている。社会派教師は、そうした集団的基盤のうえで誕生するように思う。

「社会派教師になろう!」をタイトルにした本をつくるつもりで原稿を書いたのだが、それを読んだ花岡さんから、それでは「よくわからない、もっと一般的にうけるものを」ということで、『教師の底力』というタイトルのオファーがあった。これまでの経験上、「モチはモチ屋」であることはわかっている。従うことにした。私は10年ほど前に『公立学校の底力』という新書を書いたことがある。「底力」シリーズの第2弾ということになろうか。

タイトルの変更によって、内容の修正も必要かな、と原稿を読み直したが、結局ほぼ修正する必要はなく、初稿を確定稿とすることができた。できるだけ読みやすい文章と内容を心がけたつもりである。

今日はたまたま私の誕生日である。昨年還暦を迎えたので、今年は「2周目の1年目」が終わったということになる。いわば、2周目の「一歳」ということだ。ふた回り目の人生がどのようになっていくか、予測することは難しいが、今しばらくは教育というものについて、さらなる思いをめぐらしていきたいと考えている。

本書に登場したすべての人たち、そして本書をこの世に生み出して下さった学事出版の花岡社長に感謝の意を捧げたい。

2020年9月

志水　宏吉

〈著者紹介〉

志水　宏吉（しみず　こうきち）

1959年、兵庫県生まれ。教育学博士。大阪教育大学、東京大学などを経て、現在大阪大学大学院人間科学研究科教授。専門は、教育社会学・学校臨床学。主な著書に、『学力格差を克服する』（ちくま新書、2020年）、『未来を創る人権教育』（明石書店、2019年）、『「つながり格差」が学力格差を生む』（亜紀書房、2014年）、『学校文化の比較社会学』（東京大学出版会、2002年）などがある。

教師の底力

社会派教師が未来を拓く

2021年２月15日　初版第１刷発行

著　者――志水宏吉 ©

発行者――花岡萬之

発行所――学事出版株式会社

〒101-0021　東京都千代田区外神田2-2-3

電話03-3255-5471

http://www.gakuji.co.jp

編集協力　川田龍哉

印刷・製本　精文堂印刷株式会社

ISBN978-4-7619-2688-5 C3037 2021 Printed in Japan